Mehrangiz Kibriyeva
Feruza Abdullayeva
Sharifa Melikmurodova

O'zbekistoonning ilg'or yoshlari

Mehrangiz Kibriyeva
Feruza Abdullayeva
Sharifa Melikmurodova

O'zbekistoonning ilg'or yoshlari

Yangi O'zbekiston kelajagi yoshlar qo'lida

JustFiction Edition

Imprint

Cover image: www.ingimage.com

Publisher:
JustFiction! Edition
is a trademark of
Dodo Books Indian Ocean Ltd. and OmniScriptum S.R.L publishing group

120 High Road, East Finchley, London, N2 9ED, United Kingdom
Str. Armeneasca 28/1, office 1, Chisinau MD-2012, Republic of Moldova, Europe
Printed at: see last page
ISBN: 978-620-6-74210-4

O`ZBEKISTONNING ILG`OR YOSHLARI

KIBRIYEVA MEHRANGIZ OLIMJONOVNA 2006 yil , 1 - yanvarda Surxondaryo viloyati Sariosiyo tumanida tuģilgan. Hozirda shu tumanni 12 - umumta'lim maktabida ta'lim oladi. Turli tanlov ,bellashuv va olimpiadalarda qatnashib faxrli òrinlarni egallagan. Misol uchun 2022 - 2023 òquv yilida " Informatika va axborot texnologiyalari" fanidan Respublika fan olimpiadasida faxrli 3 - òrinni egallagan. Yozgan maqola va hikoyalari Respublika gazetalarida nashr etilgan. Undan tashqari ingliz tilidagi ijodiy ishlari Chet elda chiqarilib turli saytlarga joylashtirilgan. "Kavya kishor " web saytida ,''Synchronized'' xalqaro onlayn platformasida,"Raven Cage'' xalqaro gazetasida bir necha maqolalari chiqqan. Kòplab ijodiy ishlari " Kenya times" "Page 3 news " , Namaste India " kabi xalqaro jurnallarga nashr etilish uchun yuborilgan. Ko`plab xalqaro antalogiyalar qatnashchisi.Hindistonning " All India Council for Technikal Skill Development" xalqaro tashkiloti a'zosi.

HAYOT

Aslini olganda hayot nimadir ?

Insonga berilgan bebaho ne'mat !

Unda aytaylikchi dunyo nimadir ?

Yolğonga burkangan kòhna bir yòlak...

Umr besh kunlikdir besh kunlik hayot

Barchamizga bergay albat bir saboq

Vaqt òtib ketmasdan bari kech bòlmasdan

Tiriklik chog'ingda bir òzingga boq

Boqgingki òzingni ,òzligingni kòr

Bu olam kengdir kimligingni kòr

Yashab bòlib òtkazgan shuncha yilingda

Nelarni yòqotib , neni topding ? kòr !

Hayot yòli doimo bir tekis ketmas

Bilki bu dunyoda chin rohat bòlmas

Kul , quvon , shodlan ammo unutma

Bu olamda hech kim abadiy qolmas !

Tirik bòlsang bilgingki imkoniyat bor

Ezgulik va olg'a borish bo'lsin senga shior

Quvonchdan porlagan ko'zlaring kulsin

Hamisha yaratgan madadkor bo'lsin

Eng ajoyib kunlar kelar sen tomon

Dahshatli tundan sòng albat otar gòzal tong

Qalbingda uyğot mehr ,shafqat , nur

Bir kun bòlasan chin komil inson !

BETAKROR YURT FARZANDLARI !

Jannatmakon Òzbekistonimiz 1991 yil , 31 - avgust kuni mustaqillikka erishgandan sòng har jabhada òzgardi. Yangi osmonòpar binolar qad rostladi ,ajdodlarimiz uluğlanib ularga atab haykallar òrnatildi ,gòzal boğlar yaratildi. Eng asosiysi esa biz yoshlarga cheksiz imkoniyatlar yaratib berildi. Biz yashayotgan bu òlkaning tinchligi avvalo eng katta baxtimizdir. Hech kimga qaram bòlmay òsayotganimiz , kechasi onalar jajji chaqaloqlariga alla aytib uxlatishlari , ertalab tinchlikda uyğonishimiz bu eng katta baxt aslida.

Darhaqiqat shunchalik gòzal baxt bilan birga yanada keng imkoniyatlar eshigi biz tomon ochilayotgani tahsinga sazovor.

O'zbekiston chin ma'noda yoshlar mamlakati. Bu yurtda ulg'ayotgan biz yoshlarning orzularimiz va o'z oldimizga qo'ygan maqsadlarimiz bisyor. Davlat rahbarining tashabbusi va qo'llab-quvvatlashi esa bizlarga bu maqsadlarni amalga oshirishda ko'mak beradi. Prezident Shavkat Mirziyovning: "Biz o'z oldimizga mamlakatimizda Uchinchi Renessans poydevorini barpo etishdek ulug' maqsadni qo'ygan ekanmiz, buning uchun yangi Xorazmiylar, Beruniylar, Ibn Sinolar, Ulug'beklar, Navoiy va Boburlarni tarbiyalab beradigan muhit va sharoitlarni yaratishimiz kerak. Bunda, avvalo, ta'lim va tarbiyani rivojlantirish, sog'lom turmush tarzini qaror toptirish, ilm-fan va innovatsiyalarni taraqqiy ettirish milliy g'oyamizning asosiy ustunlari bo'lib xizmat qilishi lozim", so'zlari biz yoshlar uchun katta marralar sari yo'l ochdi. Bugungi kunda istagan mamlakatda òqiy olishimiz , ta'lim olib malaka oshirishimiz va hatto chet elda yashab òz diyorimiz nomini kòkka kòtarish imkoni ham bizda mavjud. Bizga berilayotgan imkoniyatlar misolida chiqarilayotgan har bitta qarorni aytib òtishimiz mumkin.

Ayniqsa, bu borada "Yoshlarga oid davlat siyosati to'g'risida"gi O'zbekiston Respublikasi qonunining qabul qilinishi yoshlarni har tomonlama qo'llab-quvvatlashning huquqiy mexanizmlarini yaratish sohasidagi yangilik bo'ldi

Biz Yoshlar har doim yurtimiz kelajagi uning poydevori sanalamiz. Demak biz butun boshli mamlakat ertasi ekanmiz , barchamiz butun Òzbekistonimiz yoshlari birlashib , birga harakat qilib yurtimiz shon - shuhratini ,uning bayroğini yanada kòtarish biz uchun ham qarz ham farzdir.

ABDULLAYEVA FERUZA HIKMATULLAYEVNA 2006- yil 27- may kuni Surxondaryo viloyati Sariosiyo tumanida tuģilgan. Hozirda tumanning 12-sonli maktabi òquvchisi. Bir necha yildirkim , u ona tili va adabiyot fanidan Respublika fan olimpiadasida faxrli òrinlarni egallab kelmoqda. Bir necha marotaba " Navoiy vorislari" respublika kòrik-tanlovida ģoliblikni qòlga kiritgan. Shuningdek, " Zulfiyaxonim izdoshlari" kòrik-tanlovi tuman bosqishi ģolibasi. "My hero" respublika videolar tanlovi ģolibasi. "Òzbek tilim-iftixorim " nomli insholar tanlovida 1-òrinni egallagan. Kòplab maqolalari hamda biografiyasi Respublika gazetalarida chop etilgan. " Yoshlar ovozi" , " Surxon tongi " kabilar shular jumlasidandir. Undan tashqari Yevropaning " Kavya Kishor" gazetasida , " Synchronized chaos" xalqaro onlayn platformasida , Keniyaning " Classico opine" jurnalida qator hikoya va maqolalari chop etilgan va onlayn saytlarda e'lon qilingan. Shuningdek, Hindistonning " All India Council for Technikal Skill Development " xalqaro tashkiloti a'zosi ham hisoblanadi.

YANGI ÒZBEKISTON YOSHLARI BIRLASHAYLIK!

Biz Òzbekiston atalmish mustaqil va jannatmakon yurtning baxtli farzandlarimiz. Yurtimiz shonli tarixida tafakkuri, daholigi , jasorati-yu shijoati, kashfiyotlari, yaratgan nodir qòlyozmalari va shohasarlari bilan butun dunyoga ilm-fan tushunchasini yoygan Ahmad Yassaviy, Bahovuddin Naqshbandiy , Abu Ali ibn Sino , Al- Xorazmiy, Al - Beruniy , Mirzo Uluģbek, Ali Qushchi, Jaloloddin Rumiy kabi olim-u fuzalolar yetishib chiqqan. Shu kabi tolibi ilm shaxslarimiz butun olam ahlini " uyģotishga " , tamaddun tushunchasining rivojlanishiga , chin ma'noda dunyoni òzgartirishga erishdilar! Olam ahli ularning aqliga , donishmandligiga tahsin aytdi. Hozirgacha butun olam ajdodlarimizning yaratgan qonuniyatlaridan foydalanadi ...

Hozirgi kunda yurtimizda olib borilayotgan òzgarishlar , ta'lim sohasidagi tub islohotlar, bularning bari, barchasi biz yoshlar , bizning baxtli va farovon , porloq kelajagimiz uchun, albatta. Yangilanayotgan tizim bizdan nima kutmoqda ?! Shaksiz, har tomonlama: ma'nan va ruhan mukammal, kreativ fikrlaydigan ijodkor yoshlarni kutmoqda!

Endi yangi , mustahkam poydevorli kelajakni barpo etishimiz , buyuk ajdodlarimiz yòlini davom ettirishimiz shart. Dunyoda ilm- fan , texnika, sport, iqtisod, san'at, madaniyat; barcha sohalarda , taraqqiyotning hamma jabhalarida bòy kòrsatish vaqti keldi. Bu uchun bizda barcha sharoitlar yaratilgan! Prezidentimiz aytganlaridek:" Yangi Òzbekiston - yoshlar mamlakati." Shunday ekan, barchamiz qòlni qòlga berib, ilm egallab jahon shohsupalariga chiqish, dunyo minbarlarida yurtimiz nomini baralla aytish , tarix zarvaraqlarida nomimizni muhrlash fursati - bu ! Yangi Òzbekiston yoshlari, birlashaylik!

XOTIN-QIZLAR JAMIYATNING BIR BÒLAGI

Xotin -qizlar jamiyatimizning muhim va ajralmas qismidir. Yurtimiz ravnaqi uchun òz hissasini, beminnat kòmagini ayamaydigan ayollar , xotin-qizlar yurtimizda , uning hududiy tuzilmalarida talaygina. Ammo jamiyatimizning ma'lum qatlamlarida : " Qiz bola òqimasligi kerak", " Xotin -qizlar uyda òtirishi kerak", " Òqib olim bòlarmidi",- degan gap-sòzlarni eshitamiz. Ba'zi oilalarda qiz farzandini òqitmay uni erta turmishga berayotgan holatlari hammamizga ravshan.

Xòsh, qizlarimizni òqitish kerakmi òzi?

Hozirgi kun nigohi bilan atrofga boqsak, bu savolga turlicha va atroflicha javob olamiz. Uzoqqa bormay qòshni davlat Afǵoniston davlatiga nazar tashlasak, davlatga tolibon siypsati kirib kelgach siyosatning eng muhim muammolaridan biri xotin-qizlarning ta'lim olishi bòldi. Bu siyosat ustidan Afǵonistondagi barcha OTM hamda maktablar ish faoliyati qizlar va ayollar uchun tòxtatildi. Bu kabi holatlar Suriya, Iroq kabi davlatlarda ham kuzatildi. Hozirgi kunda bu davlatlarda xotin-qizlarning jamiyatdagi òrni deyarli yòq. Bu esa xotin-qizlar kòtargan qòzǵolon natijasida minglab talaba qizlarning òlimi bilan yakun topdi.

Tanganing ikkinchi tomonini olib qaraydigan bòlsak, dunyoning kòpgina rivojlangan mamlakatlarida xotin-qizlarning jamiyatdagi òrni sezilarli darajada ekanini kòramiz. Angliya ta'lim vaziri, AQShning bir necha shtatlarida ham ta'lim va soǵliqni saqlash vazirlari ayollar ekani ma'lum. Shuningdek, bu mamlakatlarda xotin-qizlarning katta yutuqlarga erishayotgani kòzni quvontiradi. Bu bilan bir qatorda yurtimizda ham ayollarning jamiyatdagi òrni beqiyosdir. Oliy Majlis Senatining raisi-Tanzila Norboyeva, Maktabgacha ta'lim vaziri- Agrippina Shin, Umumta'lim vaziri- Hilola Umarova kabi ayollarning yurtimiz siyosatida birdam ekanliklari yurtimizda ayollarga qaratilayotgan e'tibor samarasi desak mubolaǵa bòlmaydi.

Dinimizda ham: " Qizlaringizni òqitinglar , ular ertaga ummat tarbiyalaydilar"-, deb aytilgan. Menimcha ham xotin-qizlarni albatta òqitish kerak. Chunki oilaning mustahkam bòlishida ham, jamiyat rivojida ham xotin-qizlarimiznimg òrni benazir. Jamiyatni ham oilani ham bilimli xotin-qizlar birlashtirib turadi.

Izatullayeva Sabohat Burxon qizi.1996-yil 13-sentabrda Navoiy viloyati ,Navbahor tumanida tug'ilgan.2012-yil o'rta maktabni tugatgan.2015-yil Havbahor iqtisodiyot va kasb hunar kollejida kutubxonachilik sohasida o'qigan..2018- yil NDPI rus-tili va adabiyoti fakultetiga o'qishga qabul qilingan va hozirda tumanning 36-maktabida ilg'or o'qituvchlari qatoridan.She'riy mashqlari gazeta va jurnallarda e'lon qilingan.Ilk to'plami 2014- yil "Mehribonim-onam "nomi ostida Toshkent shahri "Zavqli qalam "nashriyotida chop etildi.Xalq shoiralari bilan uchrashuvlar,mushoiralar ijodining yuksalishiga sababdir.Turli loyihalarda ishtirik etib,diplom va sertifikatlarni qo'lga kiritib kelmoqda.2 nafar farzandning onasi va chiroyli oilaning bekasi.

ILM MENING PORLOQ QUYOSHIM

Baland cho'qqilarga chiqish istasam,

Faqat o'zing bo'lgin yo'ldoshim ilm.

O'shal yuksaklarga olib bormoqqa,

Sendan o'zga yo'qdir yo'lboshim ilm.

Ilmga intilgan zinhor kam bo'lmas,
Har inson qalbini burkar poklikka.
Jaholatga botib halok bo'lmasdan,
Ilm marifatla erish shodlikka.

Sensan mening baxtim,nurli yulduzim,
Suyanchim,tayanchim,dilkash sirdoshim.
Seni zabt etmoqni o'zi bir baxtdir,
Yo'limni yoritgan porloq quyoshim.

Tarixda o'chmas iz qoldirib ketdi,
Ilm etagidan tutgan mashhurlar.
Buyuk Al Xorazmiy,Mirzo Ulug'bek,
Bobolarim Sino ham beruniylar.

Ilm-la yetgaymiz har bir murodga,
Bizni hidoyatga chorlar betimin.
Ilm daryosidan suv ichib zehnim,
U bilan taraqqiy etar har kunim.

Shon-shuhrat keltirar ilm insonga,
O'rgatar tengi yo'q kalomullohni.
Ko'ngil ko'zing ochib farqlatar senga,
Savob-u gunohni,yaxshi yomonni.

Namozova Zuhra Xolpulatovna 1977-yil 26-fevralda Navoiy viloyati Navbahor tumanida ziyoli oilada tug'ilgan.Yoshligidan she'riyat,ijod va san'at sohalariga katta qiziqish bilan ulg'aygan.She'rlari vaqtli matbuot nashrlarida doimiy chop etilgan. Qo'shiq kuylash sevimli mashg'uloti.San'ati va istedodi sabab bir necha bor televidiniyaga taklif etilgan,mashhur loyihalarda ishtirok etgan.Hind ingliz xalq madaniyatini sevib o'rganadi.Hozirda ingliz va hind tillarini o'rganib kelmoqda.Hind qo'shiqlari,she'rlariga juda qiziqadi.

UMR

Umr go'yo shamol uchadi yeldek,

Har onin qadrla uzingni angla.

Ko'z yoshing oqmasin shoshqator seldek,

Baxting zoe qilma so'zimni tingla.
Poklik va yaxshilik shioring bo'lsin,
Porlagan ko'zlaring yonsin mehr-la.
Sahovatda qalbing daryodek to'lsin,
Yashama hayotda g'azab qahrla.

Umrni anglagan vaqt qadrin bilar,
O'tgan har daqiqang ortga qayrilmas.
Har kuning ibodat,toat deb bilgin,
G'animat har soat ,hech to'xtash bilmas.

Hayotda beparvo yashama inson,
Ollohga hamdlar ayt shukrlar aytgin.
Umr tugamoqda sen bunga ishon,
Fikr qil,nadomat yo'lidan qaytgin.

Bugun ila yasha kecha qaytmaydi,
Ertangni ham o'ylab ko'p g'amlar yema.
O'lim kelar paytin senga aytmaydi,
Dunyoga ustuvor bo'laman dema.

Bevaqt o'limga teng befoyda umr,
O'zingni dunyoning tashvishidan ol.
Havolanib ketma ,qilmagin kibr,
Borar joying qayer,har kun nazar sol.

Azamkulova Surayyo Jonibekovna. Surxondaryo viloyatining Sariosiyo tumanidagi 12- umumta'lim maktabining bo'lajak 11 sinf o'quvchisi. Shu kungacha anchagacha muvaffaqiyatlar egasi. 9-sinfligida "Ona tili va adabiyot fan olimpiadasida" ishtirok etib, yuqori ball sohibi bo'lgan va "Ingliz tili bilimdoni " ko'rik tanlovida 4 o'rinni egallagan. Bu yil, ya'ni 10- sinfligida xuddi shunday olimpiada tuman bosqichida faxrli 3-o'rinni egallagan.

BAXT MADHI

Qarang kulayapsiz ko`zlariz porloq

Yashayapsiz hayotda baxtu g`am inoq

G`amga botsangiz sabab izlamang

Chunki yashashingiz eng kata maroq

Yashang o`zingizni yuksaltirib shaxt

Niyatingiz bo'lsin yaxshilik,savob,baxt

Xursand bo'ling g'amga botmang hech ham

Hayotingiz to'lsin shodlik buyuk bax

Qo'ziyeva Shahrizoda G'ayrat qizi.

2000-yil 1-yanvarda Xorazm viloyati Bog'ot tumanida tug'ilgan.

Alisher Navoiy nomidagi davlat stipendiyasi sohibasi.

Hikoyalari Turkiyaning "Türkçe'nin dünyadaki özbek sesi", AQShning nufuzli Amazon nashriyotidagi "Talented Voices Of Uzbekistan", Buyuk Britaniya va Maldova davlatida nashr etilgan "Young Leaders" antologiyalarida, Respublikaning "O'qituvchi", "Ustozlar uchun" jurnallari, "Hilol" to'plami, "Urganch universiteti"

"Yoshlar ovozi", "Ezgu so'z", "Ma'rifat", "Ezgulik" hamda Tailand, AQSh, Hindiston, Canada, Buyuk Britaniyada nashr etiladigan "Kenya Times", "Red Times", "Page 3 news", "RKDxTimes", "Diaspora Times" xalqaro gazetalarida davomli chop etilib kelinmoqda. 3 ta mualliflik kitoblari chop etilgan.

Mustaqillik-shukrimsan mening!

Inson tug'ilibdiki, uning ruhiga mustaqillik deb atalmish oliy bir kalom beixtiyor singgadi.Deylik, go'dak tug'ilib, tashvishlardan iborat dunyo yuziga samimiy qalbi ila nazar soladi.Chinqirib yig'laydi, go'yoki bu foniy dunyoning azoblarini hozirdan his qilayotgandek.

Kuladi, hayot zarbalari, insonlarning qilmishlari, yolg'onlariga qiqirlab kuladi va asta shivirlaydi...Ota, ona! Hatto bu dunyoda ota-onadan o'zga tirgak yo'qligini murg'akkina go'dak ham anglab yetganday, go'yo.Aslida ham shundaymi? Yo'q! Jajjigina yurak egasining tanlovi to'g'ri emas.U tug'iliboq erkin nafas oladi, mustaqil yig'laydi, mustaqil o'zi kuladi, mustaqil gapiradi.Shunday ekan, uning bu xatti-harakatlari inson erkining ro'yobga chiqayotganidan darak emasmi, aslida. Hech narsani tushunmaydigan, qalbida zarracha g'ubor bo'lmagan go'daklik paytida butun ruhimizga singgan ekan mustaqillik ne'mati. Shu boisdan, mustaqillik bu birdaniga paydo bo'ladigan tuyg'u emas. Mustaqil insongina o'z erkini, o'z huquqini, vatanimiz bizga berayotgan imkoniyat va ne'matlarni qadrlay oladi. Inson mustaqil ekan, yurt mustaqilligi uchun tinmasdan harakat qiladi.

Yurt mustaqil ekan, butun millat farovon va tinch bo'ladi.

Gurkiragan diyor, qirmizi gullardan to'shalgan poyandozlar, ruhingga malham bo'lib shildirayotgan zilol suvlar, ko'ngli xotirjam ota-onalar, butun dunyoni lol qoldirayotgan o'zbek yoshlari, sening, istiqlolim, sening noming tufaylidir. Har eshitganda tanamiz titrab, yuraklar hapqiradigan ulug' noming ila kuchimizga- kuch, g'ayratimizga-g'ayrat, g'urur baxsh etasan. Mustaqilligim, sen tufayli mana bugun hur diyorda erkin nafas olmoqdamiz. Har tong bulbullarning xushna'vo sayrashlarida sening madhing baralla kuylangani biz o'zbek ahliga yanada g'urur va iftixor in'om etadi. Bolalarning har chaqnoq kulgusida istiqlol nafasi ufurib turadi. Har subhidam bosh ko'targan quyosh senga ta'zim qilayotgandek, mustaqilligim, senga tabassum ila nurlarini sochayotgandek, go'yo. Erkin fikrli, ozod va obod yurtda yashash hamma narsadan azizdir. Mustaqilligim, sening nomingni oqlash, nomingni ulug'lash har bir o'zbek fuqarosining eng oliy burchidir.

Istiqlolim- sen shukurim, sen baxtim, sen g'ururimsan.

Sening noming ila topganman baxtim,

Hur vatanda tu'gilmoq toleyim, taxtim.!

Mustaqillik, sening noming ila ilohiy baxt sarchashmasidan ruhimizni chaydik va bu abadiy baxt tanamiz bo'ylab o'zining mo'tabar ildizlarini yoydi.Istiqlolim, abadiy baxtga musharraf bo'lishimizga, qaddimiz va qadrimiz Everest cho'qqisiday yuksak bo'lishiga, sening shu birgina tabarruk noming sababchidir. Sen tufayli hurlik, erkinlik, baxt, yashashga ishonch, qanoat va shukronani o'rgandik. Ota-onamiz qutlug' qo'llari bilan bizni voyaga yetkazgan bo'lsa, sen sehrli, jarangdor alla bo'lding. Qalbimizga yetib borgan mo'jizaviy ovozing ila o'zimizga ishonch, kelajakka katta maqsadlar qo'yishda sobid qadamlar tashlashni, hech kimdan kam emasmiz, kam bo'lmasligimizni ich- ichimizdan his qilishga undovchi mayoq bo'lding. Sen tufayli ulkan marralarga erishdik, sening takrorlanmas noming ila yurtimiz bayrog'i sarafroz hilpiradi, har yangraganda tanamizni g'urur va faxr ila junbushga keltiruvchi madhiyang Jahon arenalarida baralla kuylandi. Butun o'zbek sha'ni va g'ururini mujassam etgan gerbing yuragimiz har urganida sening shukronangni aytishga undaydi. Istiqlolim, sening sharafing ila bugun mana shunday muvaffaqiyatga erishyapmiz. Mustaqillik, har harfingdan mushki anbar ufurib turar ekan, sening iforing ila yanada buyuk ishlar qilishga, dadil qadam tashlashga tashna insonday oshiqmoqdamiz.

Mustaqillik, sen abadiysan, sen baxtsan, sen shukrimiz, g'ururimiz va muhabbatimizsan. Ha, sen abadiysan.!!!

Mustaqillik, mehr nuri ufurib turgan taftingdan oftob iliqlik olib olamga yoyayotgandek. Shu iliqlik ila biz barhayotmiz. Sening xushbo'y iforing dimog'larimizni mushki anbardek poklamoqda. Poklangan ruh va tanamiz shijoatga to'la vujudimizni yanada shaxdam qadam tashlashga undamoqda. Sen tufayli biz bugun katta minbarlarga dadil ko'tarilmoqdamiz.

Bu muvaffaqiyatlarning barchasi seni deb, sening ishonching, shuuring deb, mustaqilligim.

Parpiyeva Ziyodaxon Sherzodjon qizi.2000-yil 16-iyul Farg'ona viloyati Uchko'prik tumani Uzumzor mahallasi 1-uy, ziyoli oilada tug'ilgan.Farg'ona viloyati Uchko'prik tumani 29-umumiy o'rta ta'lim maktabini a'lo baholarga bitirgan.Qo'qon davlat pedagogika institutining ingliz tili va adabiyoti yo'nalishini bitirib ingliz tili o'qituvchisi.Bir nechta sohalarda turli yutuqlarga erishgan.Shuningdek turli she'r, hikoya va maqolalar ham yozgan.Til o'rganishga qiziqadi.Rus va ingliz tilini biladi.Turk tilini o'rganishga qiziqadi.Hozirda logoped yo'nalishda o'qishni maqsad qilayabdi.2021-yildan beri Sovundan gul yasash orqali o'z biznesini olib boradi va mahorat darslarini o'tadi.Fevral 1. 2022 yilda "Uy hamshirasi" bo'yicha tahsil olib a'lo darajada qizil diplom bilan bitirgan.Dekabr 31. 2022 yilda "Fire prevention measures in Uzbekistan" nomli maqolasi Galaxy International Interdisciplinary Research Journalida chop etildi.2022 yil. "Xalqaro biznes va IT akademiyasi NTM" Ijtimoiy tarmoqdagi faoliyat yo'nalishi (SMM) mutaxasisligida ta'lim olgan va muvaffaqiyatli yakunlagan.Iyun. 2023 yilda"Shine girls academy" loyihasi qatnashuvchisi va bitiruvchisi.Kelajakdagi maqsad faqat bir sohada emas, barcha sohada yutuqlarga erishib o'z kasbining mutaxasisi bo'lish.

Boshimga tushdi og'ir bir sinov,

Sinovlar yomg'irida qoldim hozirda.

Kuzning to'kilgan so'ngi yaproqda,

Yoshim yetdi 18 bahorga

To'ylar qildik, o'ynadik chimildiqning kuyiga,

Qishimning 18 bahori keldi,

Onalik baxti qo'shaloq kirdi,

Lek, baxtim ayladi farzand dog'ida.

O'zi berdi, o'zi oldi, qaytarib oldi.

Dunyo yuzini ko'rdiyu ammo,

Ammo mening farishtam kormadi yuzim.

Ne qilay tunni kunga ularman

Kunni tunga ularman haqqa kònib.

Taqdirimga òtiribman ko'nib, ovunib.

Yig'layman, siqtayman, o'ksib to'laman.

Afsus qaytarmidi jajji farishtam .

Ko'kragim tutganda his qilgandim onalik,

Sutga to'lib toshganda his qilgandim onalik,

Jajji qo'ling tutganda his qilgandim onalik,

Yo rabbim, farishtamga qilolmadim onalik.

Tortib olma deyolmadim Haqqimga.

Kerak ekan joning unga olib ketdi yoniga.

Kecha shamoldek Shoshib kelganding,

Bugun bo'rondek uchib ketding-a?!

CHIMILDIQDAGI HAQIQAT

Makkapoya oralab kelayotgan yigit, hamma yeri achishayotganidan noliyotgan edi. Tavba, toy'imizga 3 kun qoldi, shunga qaramay yashirinib uchrashishga kunimiz qoldimi… makka poyalar oxirida kutayotgan qiz shoshilibgina kutar edi, va nihoyat dedi qiz, "keldingizmi?" uzr ishlar bilan band bo'lib qoldim shunga makka oralab yura qoldim. Qiz: 10 daqiqa vaqtim bor keyin ketaman uydagilar qidirib qolishadi. O'zingiz yaxshimisiz? Charchab qolmayapsizmi? Bizda hamma band, qo'l qo'lga tegmay xizmatda, tayyorgalik ko'ryabmiz. Bizda ham shu, dedi yigit, seni keishingga tayorgarlik-da. Ota- onamiz rozi bo'lishganidan juda baxtliman deb gapirar ekan, gapi tugamasidan qiz sizga gapim bor deya uni gapini bo'ldi. Nima bo'ldi, tinchlikmi? ha, faqat.. nima faqat? To'yni ozgina ortga sursakmikan?! Nimaga ? dedi hayron ohangda. Yerga chizib turgan qizni ko'rib, yigit go'yo tushungandek, xaa buni iloji yo'q endi, jinnivoyim axir 3 kun qoldi, jinnilik qilma a! mayli, lekin.. deya gapini aytolmay tutuldi. Yigit esa meni ishlarim bor, ketishim kerak deya gapini yakunladi. Qiz ham ortiga xomush qaytdi. Nimaga aytolmadim? Nimaga aytmadim a? u keyin bilsa qanday qabul qilar ekan a? U nima qiladi? Qiz shu xayollar bilan to'y kuni ham yetib kelganini sezmay qoldi. Bugun to'y, nima bo'lsa bo'lar deya qiz oq libosida uyidan chiqar payt otasi fotihasi bilan o'z uyini tark etdi. To'y juda ajoyib chiroyli bo'ldi. Shunday vaqt keldiki, kelin bilan kuyov chimildiq deb atalmish visol onlariga yetib kelgandi. Qiz esa hali ham o'sha xayollarda yurgandi. Vaqti kelgandi, aytishi kerak edi, lekin aytolmagan edi, endi kech deya o'ylardi. Sevgan insoni undan yo voz kechadi yoki uni shunday qabul qiladi. Shu 2 ikki yo'ldan biri uniki, lekin u sevganidan ajralgisi ayrilgisi yo'q. Shu xayollar bilan, qo'lidan tutganini sezmay qoldi. Yigit unga yaqinlashganda qiz o'zini olib qochish harakat qilardi lekin… lekin tuyg'ular, hislar unga bo'ysunmasdi, unga kuchi ham yetmasdi. Yagona bir hisni tuyardi, bu tuyg'u sevgan insonining bag'ridagi xotirjamlik edi. Bu xotirjamlik uni turli hayollardan chalg'itgandi. Qiz usti-boshi bilan o'zini yashirishga urinarkan, yigit sevgilisini xijolat qilgisi kelmay xonadan chiqib ketdi. Qiz hammasini tushundi va yig'lash bilan o'zini ovutdi. Biroz vaqt o'tgach yigit yana xonaga kirdi va charchadim, uxlay qolaylik deya qoldi. Va o'ziga bitta savol berardi, nimaga aynan men, nima gunohim bor edi? Nimaga bu haqida aytmadi deya o'ylar bilan unga teskari yotardi. Qiz esa sassiz ovozsiz ko'z yoshlari bilan yotardi. Bugun visol onida ikki qalb bir biridan yiroqlashdi. Asal oyi zahar oyidek boshlandi. Tong otdi. Sevgilisini bag'riga bosib uyg'onishni orzu qilgan yigit uni yuziga qarab kechagi holatni eslardi. Unda nima ayb, u shunday bo'lishini xohlarmidi? Deb o'ylardi. Uni ikki yo'li borligini sezar yo uni javobini berishi yoki shunga ko'nib yashashi kerakligini o'ylardi. Shu o'ylar bilan 3 kun ham o'tdi kuyov chimildiqdan chiqdi va yangasiga kelinizni tanasida pes bor ekan. Xabariz bormidi? Meni nima gunohim bor edi? Nimaga aytmadinglar? Butun tanasi shunday ekanku deya jahllanar, kimdan alamini olishini bilmas edi. Yigitni oyisi ham nima deyarin bilmas, endi ko'nasanda o'g'lim, o'zing tanlagan sevgan qizing deya uni hovuridan tushirmoqchi bo'lar edi. Agar hozir javobini bersang, mahalla nima deydi, qishloq joy deya uni ovutdi. Kunlar o'tar yigit sal bolsa ham jahldan tushgan, qizdan nima deb so'rashni bilmasdi, nimaga? Deb so'ramoqchi bo'ladiyu, qo'rqadi… uni yoqotishdan qo'rqadi ammo buni ham shunchaki qoldirolmasdi. Ta'nasida bunday kasallik borligini unga aytishi kerak edi deya ayblardi ham. Uni shunchalar ko'p yaxshi ko'rsa ham buni unutgisi kelmas edi, undan o'zini uzoq tuta boshlagan, hatto unga teginmagan yaqinlashmagan, qiz sevgilisidan hafa bo'lishga haqqi yo'q edi go'yo.. yigit kunlar o'tgan sari qizdan uzoqlashar, keyinchalik ichib kela boshladi, u butunlay o'zgargandi. Bir oy o'tmasdan, qiz uyga o'z xohishi bilan ota uyiga qaytib ketdi,sevgan insoni ishdan kelmasidan avval ketib bo'lgan edi. Yigit ishdan kelganda qaynonasi kelinimni qaytarib kel, unda nima ayb bolaligida kasal bo'lib qolganida ota onasi pul topolmagan bo'lsa, davolashga qurbi yetmagan bolsa, kasallikdan bunday asorat paydo bo'lishini ular qayerdan bilsin, o'zlari shuni xohlasharmidi? unda nima gunoh? Kelinimni ham tushun. Deya nasihat qilsa ham yigit men uni olib kelmayman deya qaysarlik qilib xonasiga kirib ketdi. Shu hayollar bilan ko'zi uyquga ketdi. Vaqt suv kabi qaytmas bo'lib ot'ib ketardi. Kunlar, haftalar, oylar hatto 5 yil o'tdi hamki, yigit qizdan xabar olmadi lekin har ikkisi ham boshqa turmush qurmagan edi. Qiz oxirgi 5 yil ichida shaharga yigitdan uzoqroq bo'lish uchun ko'chib ketgan edi, o'zini dardlari bilan o'zi yashayotgan edi. Qiz unga 5 yil ichida necha bor xatlar yozdi, kechirim so'radi lekin bu vaqt davomida javob kelmadi. So'nggi maktubini pochtaga berar ekan, xatda bu unga yozgan oxirgi xati ekanini boshqa uni bezovta qilmasligi aytilgan edi. Boshqa bir qiz bilan baxtli hayot qurishini so'ragan edi. Xat yigitga yetib borgan edi, lekin javob yo'q edi, ikki hafta o'tdi… demak u mendan voz kechgan… deya xayollar bilan bizni orzularim shu edimi, baxtimiz shundaymidi deb o'ylarkan, shu payt eshik qo'ng'irog'i uni hayollarini bo'ldi va eshik ochar ekan u qo'lida xat tutgan sevgan insonini ko'rardi. Ko'zlariga yosh tutgancha kechikdiz dedi. Xatni tutgancha sevikli insonini mahkam quchoqlab yig'lar edi. Ular o'z baxtlariga erishishi uchun va buni tushunib yetishi uchun 5 yil ketganidan afsus qilmasdi va aksincha mana shu vaqtlar o'rnini to'ldirishini maqsad qilgandi. Ular bir birini topgandi.

Raximova Roza Norimon qizi 2001-yilda Xorazm viloyati Gurlan tumanida tug'ilgan. Hozirda Urganch davlat universiteti Filologiya fakulteti o'zbek tili ta'lim yo'nalishi 3-bosqich talabasi. Iqtisodiy taraqqiyot va kambag'allikni qisqartirish vazirligi huzuridagi biznes va tadbirkorlik Oliy maktabining "Aholini tadbirkorlik ko'nikmalariga o'qitish o'quv kursi bitiruvchisi. Raximova Roza Urganch davlat universitetida doimiy o'tkazilib kelinayotgan "Yosh notiqlar" ko'rik tanlovida ishtirok etib, faxrli o'rinlarni egallab kelmoqda.

Sodiqjon Inoyatov she'rlarining o'zbek adabiyotidagi o'rni

She'riyat deganda katta-yu kichikka birdek manzur bo'luvchi, his-tuyg'ularini uyg'otuvchi, qalbiga orom beruvchi, hamisha sof yurak egasini tarbiyalovchi go'yoki bir sehr ko'z oldimizga keladi. Ayniqsa, yosh bolaning tasavvurini obrazli va keng tasavvur qilib tarbiyalovchi ham aynan she'riyat desak, mubolag'a bo'lmaydi, albatta. Yuqorida ta'kidlaganimizdek, bu "sehr" insonlarning beg'ubor va betakror, qushday erkin va ezgu fikrlashi uchun imkoniyat eshigini ochib beradi.

Xorazm elining iste'dodli farzandi Sodiqjon Inoyatov ham o'zining she'rlarida mana shunday beg'ubor bolalikni hamda dillardagi samimiylikni o'zining she'rlariga betakror satrlariga singdirib bergan ijodkordir. Qolaversa, shoirning har bir she'ri ezgulikka chorlov kabidir.

Sodiqjon Inoyatov 1960-yilda Xorazm viloyati Gurlan tumanida tavallud topgan. 1983-yilda hozirgi O'zbekiston Milliy universitetining jurnalistika fakultetini tamomlagan. Shoir "Omon bo'lsa do'stlarim", "Yorug' kunlar" va "Onamni sog'inib" nomli kitoblar muallifi. Bundan tashqari shoirning "Oshiq bola", "Kitob do'konida", "Sehrli kalom", "Turnalar" kabi she'rlari she'riyatni sevuvchi qalblar uchun muhim o'rin egallaydi.

Shoirning she'rlarini o'qir ekanmiz, hayotning qiyinchiliklari va ziddiyatlari, quvonch-u shodliklari yonma yon kelib kitobxonni o'ylashga undaydi. Masalan "Kitob do'konida" she'riga e'tibor beraylik:

U kitobni varaqlab,

Bu kitobni varaqlab,

Tanlayverdi tinimsiz,

Ko'zida nur charaqlab.

Bilamizki, har bir kitobni sevuvchi inson kitob do'koniga borganiga do'kondagi go'zallikni ko'rib ko'zi quvnaydi, dili sevinchga to'ladi. Shoirning ushbu she'ridagi qahramon ham kitoblarni ko'rib ko'zlariga nur yugurdi. Har bir kitobni varaqlab, tinimsiz kitob tanlaydi.

Saralab saylagani

Salkam bir qop, emas kam.

Bolakay mamnun yana

Jilmayar do'kondor ham.

Shoirning qahramoni ikkinchi misradayoq kitobga oshno qalb egasi ekanligi ma'lum bo'ladi. Chunki uning o'qimoqchi bo'lgan kitoblari "Salkam bir qop, emas kam".

Qiyin bo‘ldi ozgina

Gal yetganda to‘lovga.

...Yangigina telpagin

Qo‘yib ketdi garovga.

Kitoblarning ko‘pligidan sevingan bolakay hech narsani o‘ylamadi. Ammo to‘lovga navbat yetganda ozgina qiyin bo‘ldi. Shunday bo‘lishiga qaramay, bolakay chekinmadi. Kitoblarga bo‘lgan sevgi unga imkon yaratib berdi. Garchi boshidagi telpagini yangi olgan bo‘lsa ham uni do‘kondorga garovga qo‘yib ketdi.

Bobolarimizdan bizga meros bo‘lib kelayotgan kitoblar-u bilim xazinalari bizni dunyoga tanitadi. Farzandlarimizning bilim olishi, bobolarimizning izidan borishi, yetuk farzand bo‘lib yetishishi uchun ularga keng imkoniyat yaratib bermog‘imiz kerak. Dunyoni faqat ilm bilan zabt etish mumkinligi bugungi kunda hech kimga sir emas. Ilmni chuqur egallashning yo‘li esa bitta-kitob o‘qishdir. Prezidentimiz Shavkat Mirziyoyev mutolaa haqida fikr bildirib, jumladan, shunday degan: “…hammamiz uchun ayni paytda juda muhim ahamiyatga ega bo‘lgan masala, ya’ni kitobxonlikni keng yoyish va yoshlarimizning kitobga bo‘lgan muhabbatini, ularning ma’naviy immunitetini yana-da oshirishga qaratilgan ishlarimizni yangi bosqichga olib chiqish vazifasi turibdi”.

Mana shunday xitob, kitob o‘qishga chorlov shoirning "Kitob" she'rida ham o‘z aksini topgan:

Bolalarga kitob bering-

Degan chorlov yangrab qoldi.

Ma'rifatli yuraklar bu

Hikmat ruhin anglab oldi.

O‘yinchoqning o‘rni bo‘lak

Liboslar eskirar bir kun.

Kitoblar ilm-u ziyoni

Asrar bag‘rida bus-butun.

Besh tashabbus qanotida

Sezib zamon shitobini,

Sovg‘a qiling farzandlarga

Yaxshi ko‘rgan kitobini

Shunda ular ko‘ngli osmon

Yarayin deb el koriga.

Shon-shuhratlar olib kelar

Unib o‘sgan diyoriga.

Xabaringiz bor, O‘zbekiston Respublikasi Prezidenti tomonidan 2019-yilning mart oyida beshta muhim tashabbus ilgari surildi. Bu – yoshlarni madaniyat, san’at va sportga keng jalb etish, ularda zamonaviy axborot texnologiyalaridan to‘g‘ri foydalanish ko‘nikmasini shakllantirish, kitobxonlik madaniyatini yuksaltirish, xotin-qizlar bandligini ta’minlash vazifalarini o‘z ichiga oladi. Shoir o‘z she’rida mana shu muhim tashabbuslardan biri bo‘lgan kitobxonlik madaniyatini shakllantirish g‘oyasini ilgari surib, farzandlarning zamon bilan hamnafas bo‘lishi, el koriga yaraydigan inson bo‘lishi uchun ularga yaxshi ko‘rgan kitobini sovg‘a qilishga undamoqda. Agar farzand uchun bunday imkoniyat yaratib berilsa, elga yaraydigan va unga shon-shuhratlar olib keladigan inson bo‘lib yetishadi. Uning egallagan ilmi esa har vaqt zamon shitobi ila yangrab yuradi.

Darhaqiqat, vaqt o‘tadi, zamon eskiradi. Ammo vaqtida olingan bilim, tajriba butunligicha qoladi. Dunyoni go‘zallik emas, balki ilm qutqaradi. Olingan ilm-u ziyo esa kitoblarga muhrlanadi va kelajak avlod uchun tayanch bilim manbaini yaratib beradi. Sohibqiron Amir Temur ta’biri bilan aytganda, “Kitob barcha bunyodkorlik, yaratuvchanlik va aql-idrokning, ilmu donishning asosidir, hayotni yaratuvchi murabbiydir”.

Raximberganova Dinora Davronbek qizi. 2002-yil 25-aprelda Toshkent shahar Sergeli tumanida tug'ilgan. Toshkent viloyati Chirchiq shahar 7-sonli umumiy òrta ta'lim maktabini 2020-yil tugatib, 2021-yil Urganch davlat universitetining Filologiya fakulteti òzbek tili ta'lim yònalishiga talabalikka qabul qilingan. Òqish davomida fakultetda òtkazilgan " Yosh notiqlar" va "Ilm nihollari" kòrik tanlovlarida faol ishtirok etgan. Urganch davlat universiteti tomonidan tashkil etilgan talabalar òrtasida òtkazib kelinayotgan "Zakovat" intellektual òyinlarida doimiy ishtirok etib, jamoa bilan qatnashib faxrli òrinlarni qòlga kiritgan. Xorazmda tashkil etilgan "Breyn ring" kòrsatuvida ham faol ishtirok etib jamoa bilan faxrli 1-2-3 òrinlarni egallab, estalik sovĝalar bilan taqdirlangan.

Zamonaviy o'zbek adabiyotida Salomat Vafo ijodining o'rni

Annotatsiya: Ushbu maqolada o'zbek yozuvchisi Salomat Vafoning asarlaridagi o'ziga xoslilar ko'rib chiqiladi. Muallif yozuvchining badiiy so'z qo'llash mahorati va psixologik tasvirda shaxsning ichki dunyosini aks ettirish vositalariga e'tibor qaratadi

Kalit so'zlar: Mozaika-hikoya, tasvir uslubi, sivilizatsiya, ramziy obraz, erotik yozuvchi.

Salomat Vafo – 1962-yil 20-yanvarda Xorazm viloyati, Shovot tumani, Manoq qishlog'ida tug'ilgan. 1984-yil O'zMUning Jurnalistika fakultetini tamomlagan. Yozuvchi o'zbek adabiyotida roman yozgan ilk ayol yozuvchi hisoblanadi. Salomat Vafoning "Farida" hikoyalar to'plami (1989), "O'zini izlagan ayol" qissa va hikoyalar to'plami (1991), "Ko'ngil farishtasi" qissalar to'plami (1997), "Tilsim saltanati" (2004), "Ovoraning ko'rgan-kechirganlari" romanlari (2008), "Qora beva" (2009), "Nomsiz kema" (2015) hikoyalar to'plami nashr etilgan.

"Salomat Vafo o'z asarlarida so'zni avaylab, puflab ishlatmaydi. Kuydiruvchi so'zni ham, muzlatuvchi so'zni ham o'mi kelsa, ayamay qo'llayveradi. Shuning uchun ham uning qalamidan chiqqan timsollar bir qadar sovuqroq, bir muncha yoqimsizroq bo'ladi. Va shu jihati bilan... kishining esida uzoq saqlanib qoladi. Saralanmagan og'riqli so'zlar esdan chiqmaydigan obraz yaratishga xizmat qiladi. Salomat hikoyalariga odamning ham chang-chungini qoqib, g'ijimlarini tekislab kiritmaydi. Badiiy tasvirda jirkanch kimsani imkon qadar jirkanchligicha ko'rsatishga harakat qiladi. Bunga ''Elat'' hikoyasi misol bo'la oladi. S.Vafo o'zbek hikoyachiligini yangi tur mozaika-hikoya bilan boyitdi. Adabiyotimizda ilk bor bir umumiy ruh atrofiga birlashgan sakkiz alohida asardan iborat bitta ''Elat'' hikoyasi paydo bo'ldi. Ushbu hikoya-mozaika tasvir uslubi, til xususiyatlari, inson ko'ngli va amaliga yondashuv tarzi bilan o'zga hikoyalardan ajralib turadi. So'zning zalvorini yaxshi bilgan adiba uni qichab ot haydagan chavandozday shitob bilan ishlatadi. Alomatning hikoyalari favqulodda xususiyatlarga ega odamlar haqida yoki oddiy kishilarning ko'zga tashlanmaydigan favqulodda jihatlari to'g'risida bo'ladi. Qizig'i shundaki, hatto bu hikoya qahramonlarining oddiy, el qatori ekanliklari ham favqulodda darajada bo'ladi. Tiyrak va bezovta nigohli muallif har qanday inson ko'nglining nozik tovlanishlarini ilg'ay va tasvirlay oladi''.[1, B.131-137.]

Salomat Vafo nasri o‘zining ochiqligi va shafqatsizligi bilan boshqa o‘zbek “ayol nasri” mualliflari asarlaridan ajralib turadi. “Ayollar nasri” uchun an’anaviy mavzudagi asl muallif-Salomat Vafo sivilizatsiya shovqinidan uzoqroqqa boradi va uning qalbi muhabbatni eslatib, ayol nasrining ikkinchi darajali ahamiyatini yo‘qotadi. Shunga qaramay, yozuvchining hikoyalarida sevgi muammolari mavjud, ammo u hikoya qahramonlari duch keladigan psixologik vaziyatni chuqur hissiy va ma’naviy introspektsiya muammolari bilan juda murakkab tasvirlaydi.

A.Xosiyat S.Vafo bilan qilgan ‘‘Men erotik yozuvchi emasman. Men eng millatparvar yozuvchiman’’ nomli suhbatida yozuvchiga ‘‘Poyezd’’ hikoyasi nima maqsadda yozilgan? Umuman maqsadsiz ham asar bitsa bo‘ladimi? O‘zi bu hikoyangizda qanday simvolika bor? Masalan, oxiridagi ona obrazi nimadan ishora degan savollarga adiba:’’ Dunyoda 6-7 milliard odam yashaydigan bo‘lsa, ularning birontasi qalb va taqdir ma‘nosida bir-biriga o‘xshamagani singari, yozuvchilar ham bir-biriga o‘xshamaydi. Men ‘‘Poyezd’’ hikoyasini yaratishda oldimga biron bir maqsad qo‘ymaganman, men mana shuni ochishim kerak, deb. O‘ylaymanki, u shunaqa bir holatki, ma‘lum vaqtlarda ma‘lum narsa dunyoga keladi, farzandga o‘xshab. Simvolika haqida aytadigan bo‘lsam, men dunyoda darbadar kezib yurgan bir ayol, dunyoda o‘z joyini topa olmayotgan ayolni ko‘rsatganman. Esingizda bo‘lsa, u yerda besh-oltita kupelar bo‘ladi. O‘sha kupelarda hayotning har xil qatlamini ko‘rsatishga harakat qilganman. Inson jamiyatda o‘z o‘rnini topishi juda og‘irligini ko‘rsatishga harakat qilganman-da. U real narsa emas, simvolika qilib olganman. Ona obrazi esa ko‘pgina hikoyalarimda bor, Onani men butun millatlarni, ayollarni birlashtiradigan simvolik obraz ma‘nosida olaman, ba‘zan Vatan qiyofasida olaman. Bizda ko‘pincha "Vatan, vatan" deb qizil bir narsaga aylantirib yuborishgan, lekin u Vatan umuman boshqa-da, u Vatan insonning qalbida yashaydigan, uning shaxsi, insonligini va barqaror oyoqda turishini ta‘minlaydigan, tayanch nuqtasi bo‘ladigan manzil deb olganman-da’’,- deb aytganlar. “Tilsim saltanati” da ham simvollar bilan hikoya qilganman, undagi voqealar eradan oldingi to‘rtinchi, uchinchi asrda bo‘lib o‘tgan. Shunga ham e’tiroz bildirishgan. [2]

Ona obrazi Salomat Vafoning koʻplab asarlaridan keltirilgan. Koʻpincha bu ramziy obraz boʻlsa-da, hikoyaning bosh qahramoni obrazini yaratib, u ham ayollik tamoyilining umumlashtiruvchi tushunchasini ham oʻz ichiga oladi. Inson qalbida yashaydigan, uni shaxs sifatida shakllantiradigan Vatan qiyofasi uning tayanch nuqtasi.

Salomat Vafo hikoyalari oʻziga xosligi, ta'sirchanligi hamda hayotiyligi bilan esda qoladi. ularda aks ettirilgan voqealar shu qadar jonli va dilga yaqinki, kitobxon beixtiyor voqealar qatnashchisiga aylanadi. Dunyo haqida, umr borasida mushohada yuritishga, kelajak toʻg'risida fikrlashga intiladi.

Adiba Salomat Vafo asarlarida oʻquvchiga aql oʻrgatmaydi, uni ezgulikka da'vat etmaydi, qissadan hissa ham chiqarmaydi, faqat tirikchilik daryosida oqib borayotgan millionlardan birining qismatini hech qanday boʻyog'u bezaksiz koʻrsatib beradi, koʻrsatganda ham odam taqdirining jirkanch-u yoqimsiz tomonlari bilan boricha gavdalantiradi.

Umuman olganda, zamonaviy oʻzbek adabiyotida Salomat Vafo oʻz orni va ovoziga ega boʻlgan ijodkordir. Uning ijodini adabiyotshunoslik va tilshunoslik nuqtayi nazaridan oʻrganish muhim ahamiyat kasb etadi.

Foydalanilgan adabiyotlar:

1. Yoʻldoshev Q. Yoniq soʻz. –Tosh., Yangi asr avlodi, 2006. –B.131-139.

2. ''Men erotik yozuvchi emasman. Men eng millatparvar yozuvchiman''. BBC news.

3.Salomat Vafo. Oʻzini unutgan ayol. // "Sharq yulduzi" jurnal

Nazirbayeva Maftuna Ergash qizi. 2001-yil 7-fevralda Xorazm viloyati Gurlan tumanida tug'ilgan. 1-umumiy o'rta ta'lim maktabini 2019-yilda tugatib, 2021-yilda Urganch davlat universitetining Filologiya fakulteti o'zbek tili ta'lim yo'nalishiga talabalikka qabul qilingan. O'qish davomida fakultetda o'tkazilgan "Kitobxon talaba" va "Ilm nihollari" ko'rik tanlovlarida faol ishtirok qilgan va fakultet jamoalari orasida o'tkaziladigan "Zakovat" intellektual o'yinlarida jamoa bilan qatnashib faxrli 1-, 2- va 3-o'rinlarni egallab, esdalik sovg'alari va kubok bilan taqdirlangan.

Komil Devoniyning hamd va na't g'azallari tahlili

Nazirboyeva Maftuna Ergash qizi

UrDU 2-bosqich talabasi

Annotatsiya. Sharq mumtoz adabiyotida asarlarning tuzilishi dastlab bir necha boblardan iborat bo'lgan. Birinchi basmalayi sharif, Allohga hamd, munojot va na't kabilar. Shoir Komil Devoniy lirikasida ham shunday xarakterli xususiyatlarni kuzatishimiz mumkin. Maqolada shoirning hamd va na't g'azallaridan eng go'zal namunalar tahlilga tortilgan.

Kalit so'zlar: g'azal, hamd, na't, Allohga hamd aytish, Payg'ambarimizni vasf qilish.

XX asr boshlarida Xorazm vohasida yashab ijod qilgan, yurtimizning zabardast shoiri, o‘z davrining otashnafas ijodkorlaridan biri Komil Devoniydir. Komil Devoniy zamondoshlari ta’rifida: “…besh ilmga ega edi. Avvalo, agar asbob bo‘lsa beshotar miltiq tuzatar, ikkinchidan, olti yarim maqom soz chertmoqni bilar, lekin aytmoqni bilmas edi. Uchinchidan, yaxshi xushxat kotib edi. To‘rtinchidan, yaxshi shoir edi. Ikkinchi Navoiy deyish mumkin edi. Beshinchidan, yaxshi islimkor naqqosh edi”. [Komil Avaz, 2006:132-133] U hayotlik chog‘larida Xiva shahrida Muhammad Rahimxon II davrida yashab , xon devonxonasida xizmat qilgan. Endigina 19 yoshga to‘lgan yoshgina shoir Devoniyning yaratgan g‘azallari hattoki, xon e’tiboriga ham tushgan edi. Shu sababli xon Ahmad Tabibiyga o‘zining “Majmuoti shuaro”siga Munis, Ogahiy, Komil Xorazmiy, Doiy kabi zabardast shoirlar qatorida yoshgina Devoniyning 93 ta g‘azalini ham kiritib o‘tishini aytgani bejizga bo‘lmasa kerak. Devoniy Hazrat Navoiy g‘azallaridan ilhomlanib, unga taqlidan Navoiyona uslubda yozishga harakat qilgan. Va bu ilhom natijasida yosh shoir qalbida tug‘yon urgan tuyg‘ulari g‘azallarga ko‘chgan. Buning mevasini uning hamd va na’t g‘azallarining naqadar go‘zal va betakror ekanligidan ham sezishimiz mumkin.

Payg‘ambarimiz Muhammad alayhissalomga na’t ya’ni ul zoti sharifni madh etish, yaxshi sifatlarini aytib maqtalgan boblardan iborat bo‘lgan. Basmalayi sharif asarning Qur’oni Karimga nisbat berilib “Bismillohir rohmanir rohim” so‘zlari bilan boshlanishidir. Chunki Qur’oni Karimda nozil qilingan barcha suralar mana shu so‘zlar bilan boshlangan. Allohga hamd bobida Yaratuvchining naqadar buyuk, ulug‘vor va qudratli, rahmdil, barchaga birdek mehribon ekanligi uchun unga hamd aytiladi. Munojot bobida Allohga yaratilayotgan asarning muvaffaqiyatli tugallanishida madad va najot so‘raladi. Na’t bobida esa Payg‘ambarimizning yaxshi sifatlari aytib maqtaladi. Hamd g‘azallar – faqat Alloh taolo uchun xoslangan maqtov bo‘lib, bu maqtovning mohiyati Yaratuvchini ulug‘lash va yolg‘iz Yaratuvchigina haqiqiy maqtovga munosib Zot ekanini e’tirof etishdan iborat bo‘ladi. Hamd, asosan, Alloh taoloning ism va sifatlarining ma’nolarini bayon etish bilan izhor etiladi. [Rashid Zohid, 2023:86] Tabibiyning “Majmuati shuaro” asariga kiritilgan Devoniyning 25-raqamli g‘azalida ham ana shu g‘azalga xos xususiyatlarni kuzatishimiz mumkin.

Zihi sun’ing qilib olamda yuz nash’u namo paydo,

Ham ikki harf birla aylading arzu samo paydo.

[Komil Avaz, 2006:39]

Zihi sun' – zehn ila yaratmoq. Nash'u namo – barcha narsalar. Arz-u samo – yer-u osmon. Bu baytda Allohning yer-u osmonni 2 ta harf bilan yaratganiga ishora qilinmoqda. Bu haqida Allohning shunday so'zlari mavjud: "Batahqiq, biz osmonlarni, yerni va ularning o'rtalaridagi bor narsalarni olti kunda yaratdik. "Bo'l!", - dedik, - bas, barchasi bo'ldi". Demakki, Allohga yer-u samoni yaratmoq uchun faqatgina "Bo'l!" so'zi kifoya ekan. Olamlar Robbisi va Qur'oni Karim tili arab tilidir. Shunga ko'ra, Alloh arabcha "Kun" so'zi ila olamni yaratadi. "Kun" so'zi o'zbek tilida "Bo'l" degan ma'noni bildiradi.

Taajjub bu tafakkurdin xirad ahli kelib qosir,

Vujudingg'a qilurda ibtido-u intiho paydo.

Xirad ahli – donishmandlar, tafakkur ahli. Qosir – ojiz, kuchsiz. Bu baytdan "Allohning Odam vujudini boshdan oxir yaratganiga hattoki, donishmandlar ahli tafakkuri ham ojizlik qiladi" degan fikr anglashiladi. Bu fikr haqiqatdan ham to'g'ri, negaki bunday mo'jiza hozirgi kun ilm-fan olimlarini ham lol qoldirib kelmoqda. Vaholanki, bu mo'jizaga faqat Allohgina qodir.

Ne tan bor erdi, ne jonkim, kamoli fayzi shavqingdin,

Xusho, qilding ko'ngil murodig'a nuri ziyo paydo.

Xusho – Qanday yaxshi! (undov). Bu baytni tahlil qilishdan oldin e'tiborimizni ushbu hadisga qaratsak. Naqldurkim, bir necha do'stlari Zunnunning yoniga keldilar. Ko'rdilarki, u yig'lab o'tiribdi. So'radilar:

- Nimaga yig'layapsan?
  Dedi: Bu kecha Allohni tushimda ko'rdim.
  Menga dedi:
- Ey Zunnun, xaloyiqni 10 bo'lak yaratdim. Jannatni bularga arz qildim, 9 bo'lagi jannatni qabul qilib, jannatda qoldilar. Bir bo'lagi qaytib keldilar. Bu bo'lakni yana 10 bo'lak qildim. Bularga yana dunyoni arz qildim. 9 bo'lagi dunyoda qoldilar, bir bo'lagi qaytib keldilar. Bularga do'zaxni arz qildim. Bular na jannatni, na do'zaxni va na dunyoni qabul qildilar. Biroq, do'zaxdan ko'p qo'rqdilar.
  Va men dedim:
- Ey qullarim, sizlarga nima kerak?
  Dedilar:
- Sen bilasan, bizlarning tilagimiz sening roziliging!
- Endi men qo'rqarmanki, qaysi bo'lakda bo'lar ekanman? Shuning uchun yig'larman! – dedi. [Fariduddin Attor, 2017:148]

Endi yuqoridagi bayt tahliliga qaytadigan bo'lsak. Ma'lumki, Almisoq kuni, dunyo yaralmasdan oldin ya'ni Alloh bilan bandalarining bu dunyoga kelgandan keyingi yashaydigan hayotida sodir bo'ladigan barcha narsaga roziligi haqidagi va'dalashuv kunidir. O'sha kuni na bir tanda jon bor edi, na bir jonda tan. Alloh o'zi yaratgan jonlarni jannat, do'zax va dunyoga tushirib ulardan qay birini tanlasalar ularni o'zlari tanlagan joylarga tushiradi. Allohning ishqi tan yaralmasdan burun barcha ruhlar yaratilgan vaqtda ko'ngilga joylangan edi, demoqchi shoir. Baytda Allohning ana shu har bir bandani o'z murodiga yetkazganiga ishora berilgan.

Birovga ayni lutfing birla berding gul kibi oraz,

Birovda bulbuloso aylading yuz ming navo paydo.

Bulbuloso –bulbuldek. Alloh, shak-shubhasiz, butun olamning yaratuvchisidir. Alloh bu olamda kimgadir gul malohati yanglig' husn beradi, kimgadir bulbulnikidek go'zal ovoz. Ushbu o'rinda Yusuf qissasini esga olamiz. "Rasul alayhissalom buyurdi: Me'roj tunida Allohdan menga farmon bo'ldi: Ey Muhammad, jannatdagi hurlarning ko'rkini dunyoda ikki kishiga berdim. Biri onang Havoga, ikkinchisi Yusuf Siddiqga. Yana aytadilar: Alloh ko'rkni ming bo'lak qildi, to'qqiz yuz to'qson to'qqizini Yusufga berdi, bir bo'lagini tugal olamlarga berdi. Yusuf uydan chiqqan vaqtda oy, quyoshning nuri qolmas edi. Olam xalqi Yusuf uydan chiqqanini shundan bilar edi. Kimki Yusufga qarasa, ko'zguda o'zini ko'rgandek, o'z yuzini ko'rar edi. Yusuf taomni hazm qilib yutsa, bo'g'zidan o'tgunicha ko'rinib turar edi. Qorong'u tun kundek bo'lar edi. Yanoqlarining nuridan "Shaqoyiq anni'mon" otli chechak uyalar edi". [Rabg'uziy, 2006:135] Bundan ko'rinadi Allohning qudrati cheksiz, u xohlagan kishisiga tashqi go'zallik, xohlagan kishisiga ichki go'zallik ya'ni go'zal xulq beradi. Yana agarda xohlasa istagan kishisidan barcha narsani hattoki, jonini ham qaytarib olur.

Na hosil bo'lgusi bilmas marohil qat'idin har dam,

Qilur jonig'a solik yuz tuman ranj-u ano paydo.

Marohil qat'i – manzilga yetishmoq. Bu baytda ishora qilingan manzil Allohning huzuri, Uning jannati, visolidir. Solik – tasavvuf yo'liga kirgan zohid yoki obid. Yuz tuman – yuz ming. Ranj-u ano – mashaqqat, zahmat. [Porso Shamsiyev, 1972] Zohid Allohning visoliga yetishish maqsadida manzil tomon qo'ygan har bir qadamida yuz ming zahmat va mashaqqatga duchor bo'ladi.

Mani ham durri lutfing vosili qil aylamay mahrum,

Kerak xok ostidin bo'lsa hama yavm ul-jazo paydo.

(Ey Alloh) hamma tuproq ostida bo'lib yavm ul-jazo (jazo kuni) kelganda meni ham inju-marvariddek lutfing vasfidan mahrum aylama. Mahshar kuni barcha vafot etgan, tuproq ostida yotgan odamlar tirilib mahshar maydoniga bu hayotda qilgan jamiki amallari hisob-kitob qilinish uchun yig'iladi. Shu payt Allohga eng yaqin o'rinlarda, birinchi qatordan, pag'ambarlar, sahobalar va anbiyolar joy oladilar. Keyingi qatorda tasavvuf yo'liga kirgan zohid, obidlar, Alloh uchun toat ibodat va yaxshi amallar qilgan ahli ummatlar turadilar. Oxirgi qatorlarda esa Allohga shirk keltirgan, kufr ishlar qilgan johillar, do'zaxiylar turadi. Yuqoridagi bayt mazmunida shoir ham behosdan Allohga shirk keltirib qo'yib, oxirgi qatorlarda qolib ketib, Uning vaslidan mahrum bo'lishdan xavfsirashini ma'lum qiladi.

Berib maqsudi ne ersa, vujudidin asar qo'ymay,

Ilohi, aylagil Devoniyg'a qasri fano paydo.

Qasri fano –yo'qlik, o'lim qasri. [Porso Shamsiyev, 1972] Baytning zohiriy mazmuni: Ilohim, uning vujudidan asar qolmasa ham, ne maqsadi bo'lsa ham, Devoniyni yo'qlik qasriga jo'natgin. Bu foniy dunyoda kim qancha yashashidan qat'i nazar oxiri yo'qlikka (o'limga) mahkum etiladi. O'limning kimga, qachon yetib kelishi esa faqatgina Yaratganga ayondir.

Na't g'azal – hamddan so'ng Payg'ambarimiz Muhammad alayhissalomni eslab, u zotga salovat aytish mumtoz adabiyotimizdagi qat'iy qoidalardan biridir. Ahzob surasi 56-oyatida Alloh taolo deydi: "Albatta Alloh ham, Uning farishtalari ham Payg'ambarimiz Muhammad alayhissalomga duo-yu salovat ayturlar. Ey mo'minlar, sizlar ham u zotga salovat va salom aytinglar!" [Rashid Zohid, 2023:87-88] Shu vajdan, mumtoz adabiyotimizda Payg'ambarimizga bag'ishlangan na't g'azallarni ko'plab uchratamiz. Devoniy g'azallaridan tanlab olingan ushbu g'azalimiz ham shunday g'azallar sirasiga kiradi.

Ey xush erur tufaylidin arz-u samo bino

Yetsun salom behad o'shal shohg'a borho. [Komil Avaz, 2006:41]

Bayt mazmunidan "Ul zot tufayli yer-u samo bino qilindi, ya'ni yaratildi, o'shal shohga borho (behad) takror va takror salomlar yetsin" degan ma'noni anglab olish qiyin bo'lmasa kerak. Yana Alloh aytadiki: " Yer-u osmon va ular orasidagi barcha narsalarni faqatgina U (Muhammad Payg'ambar) uchun yaratdik".

Tartib aro kelib hama mursal oxirida,

Rif'atda lek bo'ldi borisidin ibtido.

Ushbu baytda “Tartib navbati yetib hammadan oxirida elchi qilib yuborilgan bo‘lsa-da, lekin barchasidan rif’at (yuqoriroq martaba)ga erishdi”, deya Payg‘ambarimizning Alloh oldida o‘zidan avval dunyoga va undagi barcha qavmlarga elchi qilib yuborilgan payg‘ambarlardan-da yuqoriroq darajaga yetishganiga e’tibor qaratilgan.

Ikki jahonda na esa komini topg‘usi,

Yo‘lida har kim etsa anga jonini fido.

Komini topmoq – murodiga yetmoq. Agar kimki Xaq yo‘lida, din yo‘lida jonini fido qilsa, ikki jahonda ham murodiga yetadi. Islom olamidagi ahli ummatning orzusi esa yagona Allohning vasli, Uning rahmati va mag‘firatidir.

Yuz yil chog‘i jahon aro tinmay qilur ersam,

Imkoni yo‘q chu madhini qilmoq manga ado.

Yuqoridagi baytda Rasulimiz haqida: “Agarda jahonda yuz yilgacha tinmay uning madhini qilsam ham, uni maqtab ado qilolmasam kerak”, - deb bayon qiladi Komil Devoniy.

Boshlab rahi salomata mahshar kuni xusho,

Umid erurki, ummatig‘a bo‘lsa rahnamo.

Rahi salomat - tinchlik yo‘li. Xusho – qanday yaxshi! (undov). [Shamsiyev.P, 1972] Bayt mazmuni: Qanday yaxshi bo‘lar edi, (payg‘ambarimiz) mahshar kuni tinchlik yo‘lidan boshlab borib ummatiga rahnamo bo‘lsa. Alloh olamni va undagi jamiki narsalarni Muhammad alayhissalom uchun, Muhammad alayhissalomni esa haq dinni tanlab undan og ‘may, tolmay yuruvchi ummatga rahnamolik qilish uchun yaratgan. Va mahshar kuni payg‘ambarimiz o‘z ummatlariga shafoatchi bo‘lur.

Faxr aylamak jahon arokim ajzi faqirg‘a,

Odat edi qanoat, hilm-u hayo ango.

Ajzi faqir – ojiz, faqir. Bu bayt orqali shoir jahondagi ojiz faqirlar bilan faxrlanmoq, hilm-u hayo va barcha narsaga qanoat Payg‘ambarimizga xos xislatlar ekanligiga to‘xtalib o‘tgan. Bayt mazmuniga xos quyidagi hadisni esga olamiz. Sahl ibn Sa’d rivoyat qiladi: “Rasululloh solallohu alayhi vassallam: “Men va yetimning kafilini olgan odam ikkimiz jannatda yonma-yon yashaymiz”, - deb ko‘rsatkich va o‘rta barmoqlarini juft qilib ko‘rsatdilar”. [A-jome’ as-sahih, 1997]

Mana shu hadis orqali ham Allohning va payg'ambarimizning yetimlarga va ularga mehr-muhabbat ko'rsatgan insonlarga bo'lgan cheksiz himmatini ko'rishimiz mumkin.

Mahshar kuni himoyat ila rahbaring ersa,

Devoniyo ne g'am sanga ul shohi anbiyo.

Agar mahshar kuni o'shal avliyolarning shohi (payg'ambarimiz Muhammad alayhi vassallam) senga rahnamo ya'ni shafoatchi bo'lar ekan, sen nimadan qo'rqarsan ey Devoniy, - deya ushbu bayt mazmunida o'ziga o'zi murojaat qilmoqda. Ma'lumki, mahshar kuni yer yuzidagi jamiki mavjudotlar vafot etib, oxirgi savol-javoblari uchun Alloh va uning farishtalari oldida qoim turadilar. Bu kuni payg'ambarimiz islom yo'lida, Alloh yo'lida tinmay ibodatda va savobli amallarda bo'lgan ummatlariga shafoatchi bo'ladilar. Shoir ushbu g'azalning maqta'sida ham ana shunday ma'noni eslatmoqchi.

So'nggi so'z sifatida shuni aytish mumkinki, mumtoz adabiyotda qadimdan adabiy-badiiy asarlar Allohga hamd va payg'ambarimizga na't (maqtash) ruhidagi tarkibiy qismlardan tuzilgan. Bu adabiy an'ana tusiga kirib ulgurgan holatdir. Komil Devoniy lirikasi, undagi g'azallarda ham shunday holat mavjud. Shoir lirikasida Alloh va payg'ambarimizga bo'lgan ishqining naqadar go'zal va betakror ekanligini yuqoridagi she'rlarning tahlili bilan anglashildi. Shoirning yuqorida tahliliga kirishilgan she'rlari kabi boshqa orifona, so'fiylar ijodiga yaqin turuvchi baytlarini o'qish orqali har bir inson Allohni va payg'ambarimizni yanada yaqinroq tanishga erishadi.

Foydalanilgan adabiyotlar ro'yxati:

1. Abdulaziz Mansur. Qur'oni Karim. Tarjima.
2. Buxoriy. Al-jome' as-sahih. Hadis . – Toshkent,1997.
3. Fariduddin Attor. Tazkirat ul-avliyo. – T.: G'afur G'ulom nomidagi nashriyot-matbaa ijodiy uyi, 2017.
4. Komil Avaz. Komil Devoniy. – T.: A.NAvoiy nomidagi O'zbekiston Milliy kutubxonasi nashriyoti, 2006.
5. Porso Shamsiyev. Navoiy asarlari lug'ati. – T.: G'afur G'ulom nomidagi adabiyot va san'at nashriyoti, 1972.
6. Rashid Zohid. Matnshunoslik va adabiy manbashunoslik asoslari. – T.: "Yashil yaproq nashr-matbaa uyi", 2023.
7. Rabg'uziy. Qisas ar-Rabg'uziy. – Samarqand, 2014.

Mahliyo Rahimboyeva 2002-yil 2-noyabrda Xorazm viloyati Gurlan tumanida tavallud topgan. Hozirda Urganch davlat universiteti Filologiya fakulteti filologiya va tillarni o'qitish: o'zbek talim yo'nalishi 2-bosqich talabasi. Mahliyo iqtidorli talabalardan biri bo'lib, "Tabassum tarovati" sheriy to'plami va "Rauf Parfi ijodida tabiat tasviri bilan bog'liq timsollar" nomli monografiyasi nashrdan chiqdi. Bundan tashqari Mahliyo o'z maqolalari va tezislari bilan respublika va xalqaro miqyosdagi konferensiyalarda faol ishtirok qilib kelmoqda. Adabiy-badiiy va publististik maqolalari viloyat, respublika gazeta va jurnallarida chop qilinib kelinmoqda.

Qalblarda istiqlol kuyi yangarasin!!

Erta tong shamolining mayin shitiri-shitiri qalblarni shu darajada yayratadiki, bu holatni tasavvur qilish juda qiyin. Qurt-qumursqalarning, sayroqi qushlarning xonishi va sasini his qilish haqiqiy mo`jiza desam mubolag`a bo`lmaydi. Erkinlikni, hurlikni va tinchlikni his qilish bundanda go`zal ajoyibotdir. "Men hurman", "men yoshman", "men navqironman" kabi purviqor so`zlarni baralla aytish barchani birdek quvontiradi.

Men ham shu Vatanning qalbi uyg`oq farzandiman. Ijodkor qalbim bilan buyuk yurtning surati va siyratini misralarda, jilvakor so`zlarda aks ettirishga harakat qilaman. Buvijonimdan har gal mustaqillik va hurlik haqida so`zlab berishini iltimos qilaman. Chunki ular yashagan davr va bugungi zamon shukuhi bir-biridan tubdan farq qiladi. Ular bunday imkoniyatlarni ko`rib, hayratda yashayotganliklarini, shukrona kunlariga Allohning yetkazganiga xursand va shodumon ekanliklarini aytadilar. Buvijonimga mustaqillik siz uchun nima, uni qanday his qilasiz deya savol berdim. Buvijonim o`ziga xos fikr va o`y bilan shunday dedilar: " Mustaqillik-mustaqil nom, mustaqil qalb, mustaqil vijdon, mustaqil dahlsiz cheksiz yurt... Ikki yoshning hayajonli tabassumi, ariqdan ertalabdan sepilgan suv, nabiralarimning kata bo`lishi va shodon kulgisi, mahalla ayollarining nasihatlari-yu oltinga teng duolari. Xullas, insoniyat o`ziga kerak bo`lgan neki narsadan erkin foydalanib, dorilomon va farovon yashayotgan bo`lsa, buning barchasi Mustaqillik!"-deya javob berdilar. Haqiqatdan ham bu purma`no so`zlarda jon bor va isboti topgan. Kattalar bizdan ko`ra istiqlol va erk tushunchalarini yaxshiroq his qiladi desam mubolag`a bo`lmaydi. Chunki ular katta bo`lgan zamona betinch edi, ocharchilik va qahatchilik barchani ayamasdi, yosh yigit-qizlar va bolalar hatto qariyalargacha og`ir mehnatga tortilgan. Ular shu paytda istiqlol orzusi uchun hamma narsa qilishgan. Bugun Robbimning inoyati ila qalbi pok xalqim orziqib kutilgan "Mustaqillik" orzusiga erishdi. Bobo va buvijonlarimizning duolarida istiqlolning shukronasi ufurib turibdi. Bu hurlik va baxtiyorlikning yetuk namunasi adashmagan bo`laman.

Bizdan ham o`qituvchilarimiz siz uchun mustaqillik nima degan savolni ko`p berishardi. Men har doim shunday javob berardim: " Tog`ning bir burchagidan oqib kelayotgan zilol suv, quyoshning mehrli nurlari, erta bahorda ungan yalpiz hidi va rayhonning barglari, tungi hasharotlarning ajib musiqasi, qaldirg`ochning qanot qoqishi, g`unchalarning gulgun ochilishi, murg`ak qalbli chaqoaloqning dunyoga kelishidan tortib katta bo`lishiga qadar bo'lgan davr, qarindoshlarimning mehri va e`tibori, ota-onamning ishonchi va hurmati, volidamning tandirdan uzib bergan ilk issiqqina kulcha nonlari va hayotimda ro`y berib turgan barcha go`zal voqea-hodisalar barcha-barchasi men uchun abadiy va boqiy Mustaqillikdir!". Inson ulg`aygani sari mustaqillikni chuqurroq va qalban his qilar ekan, bu ayni haqiqat..

Vatanimning shodiyona kunlarida televizor tomosha qilsam, jamiki qo`shiq va ash`orlar yurt madhi va tinchligiga, yoshlar kelajagi va hayotiga bag`ishlangan ekanligidan juda xursand bo'ldim. Bugun bu kabi ashula-yu ash`orlar faqat televideniyada emas, balki qalblarimizda yangramoqda:

Xush kelding, istiqlol, hurlik qo`shig`i,

Bag`ringda farzandlar kulib yayrasin.

Osmonda, yerda, butun koinotda,

Qalblarda istiqlol kuyi yangrasin!

Yangi O`zbekiston olg`a qadam boshishi uchun hissa qo`shishga tayyorman. Mustaqil yurtning qalbi uyg`oq, shodon farzandi ekanligimdan chin dildan faxrlanaman!!

Egamberganova Fazilat Masharif qizi 1998-yil 11-sentabrda Xorazm viloyati, Urganch tumanida bog'bon oilasida tug'ilgan. Maktabda a'lo baholarga o'qigan, viloyatda o'tkazilgan turli olimpiada va ko'rik-tanlovlarda, festivallarda ishtirok qilgan. Maktabni tugatib, Urganch Davlat Universiteti akademik litseyiga o'qishga kirgan. Undan keyin Urganch Davlat Universitetida Matematika yo'nalishi talabasi va bu yil mazkur Universitetda magistratura bitiruvchisi. Urganch tumanidagi 14-sonli maktabda pedagog sifatida o'quvchilarga matematika fanining sir-asrorlarini o'rgatib kelmoqda. Bolaligidan adabiyotga va musiqaga oshno bo'lib, she'rlar yozadi. Shaxsiy rivojlanish bo'yicha kurslarda o'qiydi, chet tillarini o'rganadi. O'zbekistonda ilk bora tashkil etilgan "Shine Girls Academy" bitiruvchisi. Bir nechta xalqaro tashkilotlarga, jumladan, Misrning "Creative Forum for culture, Arts and Peace" tashkiloti, Pokistonning "Iqra Foundation" tashkiloti va Argentinaning "Juntos por las Letras" xalqaro tashkilotlariga a'zo va a'zolik guvohnomalari bilan taqdirlangan. Kelajak uchun uning hali maqsadlari bisyor.

She'riyat

She'riyatsan ko'nglimda sokin,

Ajib-ajib hislar uyg'otgan.

Quyosh kabi nurlar sochursan,

Yuragimda tong misol otgan.

Aylanib gar qalb erkasiga

Tuyg'ularim qilasan oshkor.

Sendan ortiq do'st qaydan topay,

O'zingdirdan go'zal, betakror.

She'riyatsan borliq misoli

Kashf bo'lmagan sirlarga to'la.

O'zing mening har bir kunimni

Quvonchlarga, shodlikka ula.

Bolajonlarga

Kulguyingiz buncha beg'ubor,

Ko'zlaringiz go'yoki munchoq.

Sizga doim bo'lib ovunchoq -

Yoningizda yumshoq o'yinchoq.

Orzularingiz qalbdan chiqib,

Sig'maydi hech samolarga.

Tovlanasiz, jo'shqin boqib,

Jilva qilib navolarga.

Shirintoysiz jajjilar,

Sizga bersa arzir jon.

Otangizga quvvat bo'ling,

Onangizga jon, darmon.

Ko'zlaringiz baxtdan kulsin,

Hayotingiz shirin bo'lsin!

Sadullayeva Darmonjon 2002-yilda Xorazm viloyati Xiva shahrida tug'ilgan. Hozirda Urganch davlat universiteti Filologiya fakulteti o'zbek tili ta'lim yo‘nalishi 3-bosqich talabasi. “Science and Innovation”, “Young academic”, “Образование и наука XXl веке”, “Scientefic approach to the modern education system”, “Google scjolar” xalqaro jurnal va konferensiyalarda 15 dan ortiq ilmiy maqolalari chop etilgan. “Merger Youth” forum “Zakovat” turnirida 1-o‘rinni, “O‘zbekiston yoshlar forumi-2021” doirasida tashkil etilgan “Zakovat” intellektual o‘yinida 1-o‘rinni qo‘lga kiritgan. Urganch davlat universiteti Filologiya fakulteti talabalari o‘rtasida o‘tkazilgan “Yil talabasi-2023” ko‘rik tanlovida faol ishtirok etib, 2-o‘rinni egalladi.

Do‘st

Qalbim og‘riganda sog‘inchdan to‘lib,

Dardimni aytmoqqa topolmay hech so‘z.

Achchiq qismatimga gohi men nolib

G‘amlarim ko‘zimdan anglarding, ey do‘st.

Og‘ir dam yonimda bo‘lding malhamim

Yiqilsam o‘rnimdan turgazding meni.

Yomon kunlarimda ham bo‘lgan hamroh

Alloh uchun yaxshi ko‘raman seni.

Ba’zan dardim to‘lib, ko‘zlarim yig‘lab

O‘sha ko‘z yoshlarni sen artgan eding.

Manisiz dardlarim faqat sen tinglab

Ishon, sen eng baxtli bo‘lasan, derding.

Ishonarding menga o‘zingdan ortiq

Nomim aylab aziz men yo‘q joylarda.

Senga o‘z qalbimni qilganman tortiq

Sensiz menga najot aytgin, qaylarda.

Suyanardim senga kuchsiz qolganda
Ba'zan so'zlamoqqa topolmay imkon.
Ammo sen menga dalda berganda
Yana shu hayotga qaytirdim, inon.

Qalbim og'riganda sen bo'lib malham
Faqat sendan o'kinch, najot kutardim.
Og'ir paytlarimda yonimda bo'lgan
Faqat sening uchun qalbim tutardim.

Sen yo'q bo'lsang kulgu sira yo'q menga
Jajji qalbim vayron bo'ladi sensiz.
Aytgin, qanday yashay foniy hayotda
Sen bo'lmasang qanday yashayin sensiz.

Biz axr bir jonmiz ikki tandagi
Alloh bizga ravo ko'rgan shu taqdir.
Sog'inchim bilsayding sokin tundagi
Senga bu do'stligim abadiy haqdir.

Alloh rozi bo'lsin sendan har zamon
Bu hayotda yolg'iz qoldirma meni.
Senga bo'lsin jannatdagi hur makon
Alloh uchun yaxshi ko'raman seni.

***

Sen bejiz kelmading dunyoga axir,
Sinovda sinalmoq uchun yaralding.
G‘am chekib ko‘p ham kuyunma axir,
Sabr va ibodat uchun yaralding.

Gar chin ixlos qilsang hammasi ravo,
Bergan sinovlari qadar suyuksan.
Gar o‘tsang eslasa yaxshi nom aro,
Sen oddiy insonmas, sen bir buyuksan.

Yaxshiliklar qilgin, ibodatlar ham,
Besh kunlik umringda g‘aflatda bo‘lma.
Robbing sevgisi-la yasha bir umr,
Shunchaki yashama, shunchaki o‘lma.

Sen axir shunchaki yaralganing yo‘q...

***

Har inson kutadi nasibasini,
Men bir seni kutib yolg‘iz o‘tyapman.
Ezayotgan og‘ir dil diydasi-yu,
Dardlaridan, qara, to‘yib ketyapman.

Kelishing qiyinmi, hayallayapsan?

Yoki sirot to'sib turibmi yo'ling?

Ezib qo'ymasmi seni ham hijron?

Ismimni aytgisi kelmasmi tiling?

Kelishing kuttirding. Sochlarimda oq,

Kipriklarim visol aylamas endi.

Ko'zlarim yoshi-la yo'lingga mushtoq

Sog'inch sening isming aytmoqda endi.

Kutish jahannamin aylatding makon

Men-ku yashayapman sevgim-la kuyib.

Achchiq azobimni his etmas hech jon

Shunda ham yashayman men seni suyib...

Shunda ham yashayman sevgimni suyib...

***

Sokin va salqin xiyobon ko'rkiga qushlarning mayin sayrashi, ko'rkam daraxtlar yanada ko'rk qo'shardi. Tashqi ko'rinishidan ziyoli ekanligi bilinib turgan chiroyli yigit o'rindiqda o'tirgan ko'pdan beri tanish bo'lgan qiz yoniga kelib o'tirdi va qizning ko'zlariga tikilib shunday dedi:

-Men sizni qattiq sevaman.Butun umrinmi siz bilan birga o'tkazishni, har kuni tongni siz bilan qarshilashni, har bir quvonchimni siz bilan ulashishni, sizning quvonch va qayg'ularingizga sherik bo'lishni xohlayman. Inshaalloh biz birga dunyodagi eng baxtli juftlik bo'lamiz,-deya ko'zlaridan yosh aylandi va qizga tikilib turardi.

Afsuski qiz na bu yigitni, na ko'z yoshlarini ko'ra olardi...

Otanazarova Shodiya A'zambek qizi 2003-yil 29-sentabrda Xorazm viloyati Qo'shko'pir tumanida tug'ilgan. Urganch davlat universiteti Filologiya fakulteti Filologiya va tillarni o'qitish: o'zbek tili ta'lim yo'nalishi 2-bosqich talabasi.20 dan ortiq ilmiy-ommabop maqolalar muallifi.Mahalla yoshlar o'rtasida besh tashabbus olimpiadasi doirasidagi "Yosh kitobxon" tanlovining sektor va shahar bosqichida 1-o'rinni, viloyat bosqichida 3-o'rinni egallaganligi uchun diplom va esdalik sovg'alari bilan taqdirlangan.

Hindistonning "All India Cuncil for Technical Skill Development" xalqaro tashkilotiga a'zo bo'lib, a'zolik guvohnomasini qo'lga kiritgan.

Misrning "Creative Forum for culture, Arts and Peace" tashkiloti, Pokistonning "Iqra Foundation" tashkilotiga, Argentinaning "Juntos por las Letras" xalqaro tashkilotlariga a'zo va a'zolik guvohnomalari bilan taqdirlangan.

Uning she'rlari Tailand, AQSH, Kanada, Avstraliya, Hindiston davlatlarida nashr etiladigan xalqaro "Kenya times", "Red times" gazetalarida chop etildi.

Ona tili va adabiyot fanidan milliy sertifikat sohibasi.

Chet tili (ingliz tili) dan CEFR B2 (5.5) sohibasi.

“Mahorat maktabi” jurnalistlar klubi a’zosi, faol ishtirokchisi, shu maktabning shoirasi sifatida tan olingan va muntazam ravishda she’rlari “To‘maris avlodi” jurnalida chop qilinadi.

Qozog‘iston Respublikasi “Qo‘sh qanot” fondi qoshidagi shoir va yozuvchilar uyushmasining rasmiy a’zosi bo‘ldi va a’zolik guvohnomasi bilan taqdirlangan.

Armon

Armon?! Evoh, bu naqadar dahshatli so‘z! Yo‘q-yo‘q, bu so‘z emas, nishtar! Bu insonni alam to‘lqinlarida irg‘itadigan, bag‘riga xanjar bo‘lib sanchiladigan, goh qon yig‘latib, goh zahar yutqazadigan achchiq pushaymonlik! Ajabo, armonga yo‘l qo‘ymaslik mumkin bo‘lgan holda bu yukni, bu gumrohlikni nechun o‘zingizga ravo ko‘rdingiz? Nahotki sizda o‘z nodonligingiz uchun boshqalardan, eng aziz kishilaringizdan – ota-onangizdan – qasos olish niyati bo‘lsa? Nahotki sizda sizni sizni bunyodga keltirgan oliyjanob insonlarga shukronalik xizmatini qilish o‘rniga ularni el-ko‘y oldida yerga qaratish qasdi bo‘lsa? Yo‘q, yo‘q! Bu gumrohlikdan, bu tubanlikdan saqlaning! Bu inson nomini tashigan yuksak xilqat sha’nini poymol qilish, tuban xilqatga aylanish bo‘ladi. Siz bu sharmandalikka yo‘l qo‘ymaysiz, inson nomiga isnod keltirmaysiz, farzandlik baxtini qora qilmaysiz, biz bunga ishonamiz va aminmiz.

Suvonova Ruxsora Umar qizi 2003-yil 17-oktabrda Xorazm viloyati Xonqa tumanida tug‘ilgan. Urganch davlat universiteti Filologiya fakulteti Filologiya va tillarni o‘qitish: o‘zbek tili ta’lim yo‘nalishi 2-bosqich talabasi.

Mahalla yoshlari o‘rtasida o‘tkazilgan “Besh tashabbus olimpiadasi” doirasidagi “Zakovat” intellektual o‘yini sektor va shahar bosqichida “Durgadik” mahallasi jamoasi tarkibida faol qatnashib I o‘rinni, viloyat bosqichida faol ishtirok qilganligi uchun diplom va esdalik sovg‘alari bilan taqdirlangan. Shuningdek, “Besh tashabbus olimpiadasi” doirasida mahallalarda istiqomat qiluvchi yoshlar o‘rtasida o‘tkazilgan Gimnastrada sport musobaqasi Respublika bosqichida Xorazm viloyati jamoasi tarkibida faol ishtirok etganligi uchun tashakkurnoma bilan taqdirlangan.

Yoshlar ishlari agentligi tomonidan Xorazm viloyatidagi faol va ijtimoiy himoyaga muhtoj 200 nafar yoshlarni axborot texnologiyalari yo‘nalishida qo‘llab-quvvatlash maqsadida tashkil etilgan “Kelajak mutaxassislari – 2022” grant loyihasining sovrindori. SMM sohasi kursini tugatib, mutaxassislik sertifikatiga ega bo‘lgan.

“Yangi O‘zbekiston – Yangi dunyoqarash” shiori ostida o‘tkazilgan “Ma’rifat maydoni” ko‘rik-tanlovining viloyat bosqichida “Xorazmiylar” jamoasi tarkibida faol ishtirok etib, 1-o‘rinni egallagani uchun Suvonova Ruxsora Umar qizi Urganch davlat universiteti rektori B.Abdullayev tomonidan I darajali diplom bilan taqdirlangan.

Qozog'iston Respublikasi "Qo'sh qanot" fondi qoshidagi shoir va yozuvchilar uyushmasining rasmiy a'zosi bo'ldi va a'zolik guvohnomasi bilan taqdirlangan.

Hindistonning "All India Counsil For Technical Skill Development" xalqaro tashkilotiga a'zo bo'lib, a'zolik guvohnomasini qo'lga kiritgan.

Baxtlimisiz?

Shunchaki oddiy savol, lekin javob topa olish mushkul, shundaymi? Keyin asta o'zizga shivirlaysiz, rostdan ham baxtlimanmi? Baxt o'zi nima?

Bilasizmi baxt nima? Baxt bu – ertalab turib derazani ochganingda tongning mayin iforlari, quyoshning zarrin nurlari ko'zlaringni qamashtirishi. Baxt bu ko'zguga qarab tongni yaxshi kayfiyatda qarshi olgan holda dunyodagi eng chiroyli ijod ekanligingga shukrlar ayta olishingdir. Kulmang. Chunki siz haqiqatdan ham chiroyli ijodsiz. Ishonmaysizmi? Unda yana bir marotaba ko'zguga boqing va baxtli ekanligingizni his qilishga harakat qiling. Uddalay olgan bo'lsangiz, demak, siz dunyodagi eng baxtli insonlardan birisiz, ishonavering!

Ko'zlarim quvonchin yashirolmadim,
Baxtdan sarmasligim berkitolmadim
Qayerdan shunchalar baxtliligimning
Sevinch ko'zyoshlarin hech tiyolmadim.

"Majburiylik" yuki

Sen yashashni xohlamayotgan bo'lsang, bilasanmi nimaga majbursan: Yashashga!

Bilasizmi, nima sababdan majburmiz? Bahonalar sanashga shoshilmang-u, yashash uchun arzirli sababimiz yo'q. Bizni hayotda ushlab turgan yagona ip ham bo'lsa – Ota va Onamiz.

Kun kelib sen ham, ular ham bu telba dunyodan ko'z yumamiz. Hattoki hech yashamagan kabi, hech bo'lmagan kabi. Shu sababdan yashayapmizmi? Endi savol uchun bahona izlab ko'ringchi. Topgan bo'lsangiz demak, yashayapsiz. Ammo aksincha bo'lsa, unda bilmadim. Biroq, shu holatingga ham ming bor shukrlar aytsang arziydi. Sen kabi yashamayotganlar qancha. Mana men nimaga ishonaman, sezasizmi? Qalbim to'la muzliklar bo'lib kulishni eplayapmanmi, demak yashab turib o'lim neligini his qilib yashayotganlar ham borligini ich-ichimdan his qilaman. Balkim, osmondagi yulduz misoli bunday insonlar ko'ringanida edimi, balkim bu "majburlik" yukini yengillata olarmidik. Yoki aksincha osmondagi yulduzlar son-sanog'ini bilmagan kabi o'tib ketardik.

***

Inson qo'liga qalam olsa nimani his qiladi. Poyoni yo'q sahroda nimalarni anglab yetadi. Na boshi va na oxiri mavjud bo'lgan dengizda nimani ilg'aydi. Tasavvur qiling, kimni yoki nimalarni?

***

O'z qo'ling bilan o'z kelajagingni qurasan deyishlari balkim to'g'ridir. Biroq, kelajak faqat o'zingni qo'lingda emasligini tan olish fursati yetmadimikan. Bino singari kimlarningdir yordami va mehnati bilan rostakamiga kelajagimizni "quramiz". Afsuski, bu ham achchiq haqiqatlarimizdan biridir.

Abdullayeva Farzona Hikmatullayevna 2007-yil 17-oktabrda Surxondaryo viloyati Sariosiyo tumanida tuǵilgan. Hozirda tumanning 12 - sonli maktab òquvchisi. Adabiyot , she'riyat , kitobxonlikka qiziqadi. Kòplab hikoyalari ommaga talqin qilingan. Yosh kitobxon tanlovi qatnashchisi. 50 dan ortiq badiiy asar va romanlarni òqib tugatgan. " Onamga xat" kòrik-tanlovi ǵolibasi. Shuningdek, bir necha " Konstitutsiya- baxtimiz poydevori ", " Baxtli yashash siri " kabi insholar tanlovida faxrli òrinlarni egallagan. Barkamol avlod bolalar maktabi tomonidan òtkazilgan " Òzbek xalq folklori " tanlovida 1-òrinni egallagan . Undan tashqari, Hindistonning " All India Council for Technical skill Development " xalqaro tashkilot a'zosi hisoblanadi.

VIJDON (hikoya)

Kunlarning birida maktabdan qaytayotgan edim, maktabim uyimizdan ancha uzoqda men esa judda och qolgan edim. Kichkina bozor oldidan òtar ekanman, boshimni engashtirib olgancha yer ustidan yeyishga narsa izlardim. Bexosdan bir qari ayolga turtilib ketdim. Qòlidagi puli tushib ketdi. Oldim . Ammo puli qaytarishga qòlim bormadi. Men ortga qaytib dòkondan yegulik oldim va uyga qaytdim. Birovning narsasini sòramasdan olmaslik kerakligi rost ekan; tuni bilan uxlamay chiqdim. Boshim oġrib, isitmalab behalovat bòldim. Bu vijdonim sasi ekanini yaxshi bilardim. Tong otishi bilan bonkamdan 10 ming sòm olib maktabga yugurdim. Yakshanba bòlsa-da tushlikkacha kutdim. Ayolni uchratmadim. 3 kun qidirib topolmagach voz kechdim oxiri. Ammo har kuni ichimni ġaflat bosardi.

Bir hafta òtib amakim va buvimni ziyorat qilgani qabristonga bordik. Qabrlar oralab òtar ekanmiz , quchoġimdagi buvimga atalgan gullardan biri yerga tushdi. Engashib olmoqchi edim, ne kòz bilan kòrayki, bu qabr òsha ayolniki edi... Qabr ustidagi oq marmarda qora surat chizilgan, bu surat esa òsha ayolniki edi. Òz -òzidan qòl oyoġim qaltirab ketdi. Gulni olomadim. Ayol 5 kun oldin vafot etgan ekan. Uyga qaytgach darkol uyga qaytdimda bonkamdagi velosiped uchun yiġayotgan hamma pullarimni olib qariyalar uyiga topshirdim. Barchalaridan Soliha Karimova haqqiga duo qilishlarini sòradim.

A'zamqulova Shahina Jonibekovna 2007-yil 29-oktabrda tavallud topgan. Surxondaryo viloyati Sariosiyo tumani 12 - umumiy o'rta ta'lim maktabida ta'lim oladi. Hozirda 10 - sinf o'quvchisi. Shu kungacha anchagina muvaffaqiyatlarga erishgan. Jumladan, 2015-yil Sirdaryo viloyati Guliston shahri 9-maktabda tahsili jarayonida ona tili va o'qish fanlaridan "Bilimlar bellashuvi" ning tuman hamda viloyat bosqichlarida 1-o'rinni qo'lga kiritgan. 2022-yil 8-sinfligida algebra va geometriya fanlaridan "Al-Xorazmiy" olimpiadasida ishtirok etib, tuman bosqichida 1-o'rinni olgan. 2023 -yil 9-sinfligida ona tili va adabiyot fanlaridan viloyat fan olimpiadasining tuman bosqichida 2-o'rinni, yana ona tili va adabiyot fanlaridan viloyat hokimimiz tashabbuslari bilan tashkil etilgan "Surxon yoshlari" olimpiadasida 1-o'rinni va Yoshlar kuni munosabati bilan "O'zbekiston - yoshlar mamlakati" shiori ostida o'tkazilgan insholar tanlovida 3-o'rinni egallagan.

TA`LIM VA TARBIYA

Ta'lim va tarbiya! Bu so'zlar aynan bir-birini takrorlamasa-da, bularni bir-birisiz tasavvur qilish mushkul, sababi ta'lim --- bu tarbiyaning oliy ko'rinishlaridan biri. Tarbiya esa jismoniy, aqliy va ruhiy holatlarni o'zida mujassam etgan jarayon. Tarbiyali inson ta'lim sohasida ham tengsiz bo'lishi muqarrar. Ma'lumki, tarbiya ko'proq ta'lim jarayonida berib boriladi. O'quvchilarda endigina maktabga kelgan kunidan boshlab, bilim olishga havas tuyg'usi shakllantiriladi. Ularda asta-sekin bilim olishga ehtiyoj paydo bo'ladi va ma'naviy ozuqa ola boshlaydilar. Bu bilan o'quvchilarda kelajakka intilish, orzu - havas, mehnatga chanqoqlik, ona Vatanga mehr - muhabbat, fidoyilik, matonat, mardlik, do'stlik, ezgulik kabi yuksak hislar paydo bo'ladi.

Tarbiya --- umr bo'yi davom etadigan eng qadimiy qadriyat. Hayotdagi har bir kishi tarbiyaviy ta'sirga ega.

Mening fikrimcha, yuqorida aytib o'tilganidek, ta'lim va tarbiya tushunchalarini ayri tasavvur qilib bo'lmaydi. Tarbiyasiz ta'lim bo'lmagani kabi ta'limsiz tarbiya ham bo'lmaydi. Hozirgi kunda ham ta'lim va tarbiyani rivojlantirish eng dolzarb masalalardan biri. Ta'lim sohasida bir qator keng qamrovli ishlar olib borilmoqda. Hozirgi yoshlarni "KUCHLI BADAN, SOG'LOM FIKR VA YAXSHI AXLOQ" bilan qurollantirish kerak. Kelajak bilimli va tarbiyali yoshlar qo'lida!

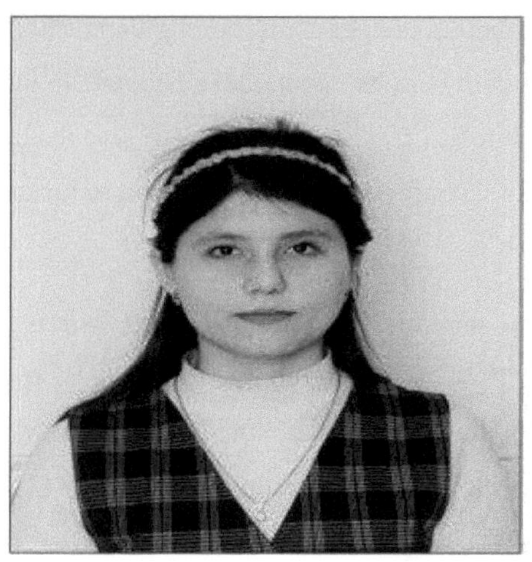

Saparbayeva Aziza Asror qizi 2003-yil 13 - mayda Xonqa tumanida tug'ilgan. 2021-yil Xonqa tumanidagi 5-sonli maktabni oltin medalga tugatgan. 2021-yil sentabrda UrDU tarix fakultetiga davlat byudjeti asosida talabalikka qabul qilingan. Hozirda universitetning 2-bosqich iqtidorli talabasi hisoblanadi. U bir qancha xalqaro va respublika konferensiyalar ishtirokchisi. Bir qator xalqaro va respublika tanlov va festivallari g'olib va sovrindori hisoblanadi. 10 ga yaqin ilmiy maqola va tezislari respublika jurnallarida chop etilgan. 10 ga yaqin xalqaro tashkilotlarning a'zosi hisoblanadi.

MEN TUG‘ILGAN QISHLOQ

Men Xorazm viloyati Xonqa tumanidagi Sarapayon qishlog‘ida tug‘ilganman. Men tug‘ilgan qishloq nomi Sarapayon, ya'ni forscha-turkcha atama bo‘lib, “sar-ob-yon” dan iborat deya ta'kidlaydilar. Ma'nosi “sar”- bosh, “ob” – suv, “yon” – makon – suvning bosh tomoni deganidir. Ba'zi olimlar bu atamani ikkita “sara” – “poyon” birikmasidan iboratligini va ma'nosi “sara” – yaxshi, “poyon”-chegara (hudud) deya izohlashadi. Shuningdek, toponomik lug‘atlarda sahro (a) yi poyon – quyi sahro, chetdagi cho'lda bunyod bo'lgan qishloq ma'nosida ham keladi.

Bularning uchalasi ham atamaning juda qadimiy ekanligidan nishonadir. Ushbu suvning bosh tomoni ma'nosini beruvchi qishloqdan haqiqatdan ham uchta kanal oqib o'tadi. Bular Shovot, Qulobod, Xonqa arna kanallari hisoblanadi. Ular qishloqning o'rtasidan kesib o'tgan va Sarapoyon yerlarining qon tomirlari desam mubolag'a bo'lmaydi.

Bugungi kunda qishloqning umumiy yer maydoni 4269 kv.km ni tashkil etadi. Aholisining soni esa 21.070 kishidan iborat (2012 yil ma'lumoti). Sarapoyonda turli millat vakillari ahil hayot kechiradi. Bu yerda o'zbeklar soni 21.018 nafarni tashkil etsa, qoraqolpoqlar 13, tatarlar va ukrainlar 1 nafarni va belaruslardan 1 nafar kishi yashaydi.

Sarapoyon 4 ta mahalladan iborat: Istiqlol, Paxtagul, Guliston, Qoramozi.

1. Istiqlol mahallasi o'ziga 7 ta elatni birlashtirgan. Sarrosh-1, Sarrosh-2, Yuqori Jingon-1, Yuqori Jingon-2, Quyi Jingon-1, Quyi Jingon-2 va Kurpos elatlari.

2. Paxtagul mahallasi o'ziga 5 ta elatni birlashtirgan. Guyinchi, O'ram, Tosh, Kemir, Eksperiment eatlari.

3. Guliston mahallasi qishloqning eng katta hududini egallagan. Bu yerda 9 ta elat birlashgan. Bular: Eshonlar, Mehnat, Qoraqummat, Qulobod, Ko'klar-1, Ko'klar-2, Eksperiment, Sichqon, Xo'jalar.

4. Qoramozi mahallasida 3 ta Yangiyop, Intizom va Oqyop elatlari bor.

Qishloqning butun tarixi davomida ancha faxrga arzigulik, xotiralasa arziydigan insonlarni voyaga yetkazib kelmoqda. Ikkinchi jahon urush yillarida ham bu qishloqning yuzlagan nafar mard o'lonlari o'z xalqi, vatani uchun jangga kirganlar. Necha nafari jangda halok bo'lgan va bedarak yo'qolgan. Bu mardlar orasida bizning oilamizdan ham bobomning amakilari qatnashgan bo'lib, bor-yo'g'i 19 ga kirgan Egamovlarning ikkalasi ham urushdan qaytib kelmagan. Nafaqat urushda halok bo'lganlar balki qishlog'imizning mehnatkash xalqi urushga o'zini borini bergan, mehnatini, hosilini, umrini bergan...Men qishlog'imni yaxshi ko'raman, uni hech bir joyga alishmayman.

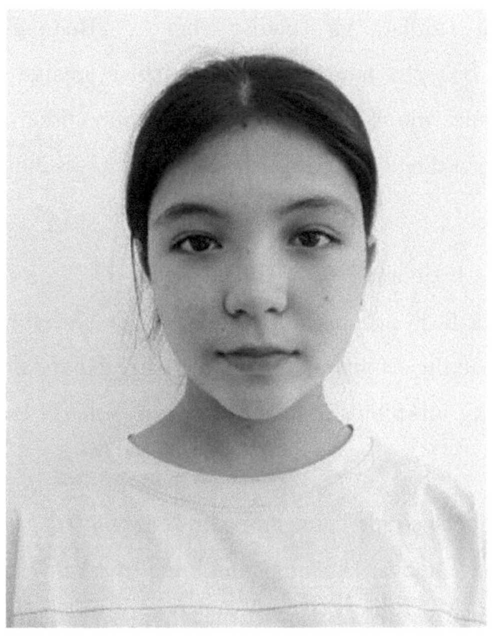

Umarqulova Diyora Sanjar qizi 23-iyun 2004-yilda Toshkent viloyatida tug'ilgan . Hozirda u OO'zbekiston davlat jahon tillari universitetining ikkinchi kurs talabasi bo'lib, u yerda akademik maqsadlarini ishtiyoq bilan amalga oshirmoqda. Diyora milliy va xalqaro jurnallarda 15 ga yaqin maqolalarini nashr etgan. Diyora akademik mashg'ulotlaridan tashqari, yangi tillarni o'rganishga ham qiziqadi. Hozirda u ispan va koreys tillarini o'zlashtirishga e'tibor qaratmoqda. Undan tashqari u bir nechta konkurslar ishtirokchisi

YOSHLARNI UMUMINSONIY VA MILLIY QADRIYATLARGA HURMAT , VATANGA SADOQAT RUHIDA TARBIYALASH

Umarqulova Diyora Sanjar qizi

2-kurs talabasi

O'zbekiston davlat jahon tillari universiteti

Vatan... Bu biz tug'ilib o'zgan zamin, kindik qonimiz tomgan tuproq. Dunyoda qanchadan-qancha millat va elatlar bor . Bugungi Yangi O'zbekistonimizda ham, din bo'yicha ham qator ijobiy ishlar amalga oshirildi. Bunga misol qilib aytishimiz mumkinki: "Hamma uchun vijdon erkinligi kafolatlanadi. Har kim xohlagan dinga e'tiqod qilish yoki hech qaysi dinga e'tiqod qilmaslik huquqiga ega.

Diniy qarashlarni majburan singdirishga yo'l qo'yilmaydi". Vatanidan yiroqda yashaganlar hech qachon huzur-halovat topa olmaydi. Hattoki, shoh va buyuk shoir Zahiriddin Muhammad Bobur ham Hindiston sultoni bo'lishiga qaramay , yuragining tub-tubidan bur narsa qiynab kelardi. Bu - Vatan sog'inchi edi.

Aslida "Vatan" so'zi arabcha so'zdan olingan bo'lib "ona yurt" degan ma'noni anglatadi. Mutafakkirlar esa Vatanga "ko'ngil mulkining maskani" deb ta'rif berishadi. Vatan deganda ko'z o'ngimizga oilamiz , mahallamiz gavdalanadi. Axir behizga emas "Vatan ostonadan boshlanar" deyishgani. Biz oilamizdan olgan tarbiyamiz Vatan ravnaqi yo'lidagi hissamizga katta poydevor bo'ladi. Yurtimiz tinch, ko'chalarimiz obod , xalqimiz farovon bo'lsagina biz ham ko'milikka erishamiz.

Yurt tinchligi yo'lidagi xizmatimiz faqat jismoniy mehnatgina emas, balki aqliy salohiyat ham boy bo'lishi kerak. Yurtimiz tinchligi uchun qanchadan-qancha insonlar jon fido qilishgan. Masalan, Sohibqiron Amir Temur , Shiroq, Jaloliddin Manguberdi, Bobur Mirzo kabi sarkardalar , ayol kishi bo'lishiga qaramay To'maris ham jangu-jadallar kezgan. Hattoki, oddiy laylaklar ham "ezgulik elchilari" deb ta'riflanadi. Ular Mustaqillik maydonida "ezgulik arkasi" ni bezab turibdi. Bizning yurtimizga "Jannatmakon diyor" deb ta'riflar berishadi. Tillarda, hattoki, dillarda ham uni madh etishadi.

Mamlakatimizda milliy qadriyatlarni tiklash bo'yicha jiddiy tadbirlarning amalga oshirilayotganligi ma'naviyatimizning tiklanishida juda muhim ahamiyat kasb etmoqda. Milliy qadriyatlarimizning tiklanayotganligini bugungi kunda jahon tan olmoqda. Ayniqsa, Sohibqiron Amir Temur, Mirzo Ulug'bek, Bahouddin Naqshband kabi ulug„ siymolarga, Buxoro, Xiva shaharlari yubileylariga bag'ishlangan tadbirlar, simpoziumlarda dunyoning 50 dan ortiq davlatlaridan vakillarning qatnashganligi buning yorqin misolidir.

An'ana — o'tmishdan kelajakka meros qoladigan, avloddan avlodga o'tadigan, jamiyat hayotining turli sohalarida namoyon bo'ladigan moddiy va ma'naviy qadriyatlardir. Davlatimiz o'z milliy qadriyalarni unutmaslik uchun, ularni yoshlarga o'rgatib kelmoqda. Ana'anaviy xalq bayramlarining tiklanishi o'zbek madaniyati tarixida o'ta muhim voqea bo'lib qolmoqda. Chunki bayramlar hayotning eng yaxshi tomonlarini o'zida mujassamlashtirgan madaniyatning yirik va muhim shakli hisoblanadi.Bunga yorqin misol qilib, Navro'z bayramini olsak bo'ladi. Mustaqillikka erishganimizdan so'ng, bu bayramning butun bir mohiyati tushunib yetildi. Xalqimiz uchun sayllar uyushtirildi, odamlarni bir joyga jamlab, xursandchilik qilindi O'ylaymanki, insonlar bir-birini har doim qo'llab-quvvatlashi, bir-birining holidan xabar olishi , bir oila kabi jipslashishi uchun ham bu bayramlar tashkil etildi.

Barkamol shaxsni tarbiyalashda milliy qadriyatlar va urf-odatlardan foydalanish bugungi kunda ta'lim-tarbiya jarayoni oldida turgan eng dolzarb vazifalaridan biri hisoblanadi. Shu boisdan ham mamlakatimizda yaratilgan bu betakror an'ana va marosimlar, milliy qadriyatlar va urf-odatlarni o'rganish hamma davrlarda ham olimlar oldiga bir qator muhim vazifalarni bajarish zaruratini qo'ygan.

Yoshlarga milliy qadriyatlarni ta'limdan tashqari ishlar orqali singdirishning asosiy vazifalari sifatida quyidagilarga e'tibor qaratilishi lozim:
- yosh avlodning fikrlash doirasini kengaytirish, ularga so'z erkinligini berish, fikrlarini eshitish , hayotda nimaga erishmoqchi ekanligini aniqlashga yordam

berish;

- yoshlani milliy, umuminsoniy qadriyatlar, Vatanimizning boy ma'naviy merosi bilan tanishtirish, madaniy hamda dunyoviy bilimlarni egallashga bo'lgan talablarini shakllantirish;
- insonparvarlik ruhida tarbiyalash, yoshlarimizning ma'naviy yetuk bo'lib tarbiyalanishida oila bilan bir qatorda mahallaning ham o'rni borligini anglash. Mahalla azaliy urf-odatlar, udumlar, an'analarga tayangan holda ulkan ma'naviy tarbiya vazifasini bajaradi. Keksalarning pand-nasihatlari, kattalarning shaxsiy ibrati, jamoaning hamjihatligi orqali odamlar ongiga ezgulik g'oyalari singdirib boriladi. Har bir kishi qalbida milliy qadriyatlar, mehr-oqibat, hamjihatlik, insoniylik, el-yurt sha'ni uchun kurash, o'zaro yordam kabi fazilatlarni tarkib topishida mahallaning o'rni beqiyosdir.

Hozirgi kunda, yoshlarni Vatanga sadoqat ruhida tarbiyalash uchun ham juda ko'p ishlar amalga oshirilmoqda. Masalan, maktab davridanoq "Vatan tuyg'usi" fani o'quvchilarga o'qitiladi. O'quvchilarni Vatanga bo'lgan muhabbati, hurmati, umidi kabi tuyg'ularini rivojlantirishga hissa qo'shish uchun, albatta. Bundan tashqari, " Shu aziz Vatan barchamizniki" , "Muqaddas Vatan" , "Eng ulug', eng aziz" tanlovlari o'tkazilmoqda. Bu tanlovlar , yoshlarning Vatanga bo'lgan muhabbatlarini oshiradi. Universitetlarda talaba-yoshlarni vatanparvarlik ruhida tarbiyalash, Vatan ravnaqiga dahldorlik hissasini oshirish va ularni muvaffaqiyatlar sari boshlash maqsadida turli ma‘naviy-ma‘rifiy tadbirlar o‘tkazib kelinmoqda.

Umuminsoniy qadriyatlar zaminimizda yashaydigan barcha millat va elatlarning manfaatlarini himoya qiladi. Bunda, oila, mahalla va ta'lim muassasalarida beriladigan tarbiya yoshlarimizning o'zligini anglashiga, insonparvarlik tamoyili asosida kamol topishiga, milliy qadriyatlarga hurmat, muhabbat ruhida tarbiyalanishiga va ongining o'sishiga, zamonaviy dunyoqarashining shakllanishiga asos bo'la oladi.

Foydalanilgan adabiyotlar:

1. O'zbekiston Respublikasining yangi tahrirdagi konsitutsiyasi. 2023-yil, 1 -may.
2. Mahmudxon Muhriddinxon O‘G‘Li Dovidxonov YOSHLARNI MILLIY QADRIYATLAR RUHIDA TARBIYALASHDA OILA, MAHALLA VA TA’LIM MUASSASALARINING ROLI // Talqin va tadqiqotlar ilmiy-uslubiy jurnali. 2023. №17. URL: https://cyberleninka.ru/article/n/yoshlarni-milliy-qadriyatlar-ruhida-tarbiyalashda-oila-mahalla-va-ta-lim-muassasalarining-roli (дата обращения: 14.06.2023).
3. Orzumurod Odilovich Yusufaliyev YOSHLARNI MILLIY VA UMUMINSONIY QADRIYATLAR RUHIDA TARBIYALASH MEZONLARI // Academic research in educational sciences. 2021. №6. URL: https://cyberleninka.ru/article/n/yoshlarni-milliy-va-umuminsoniy-qadriyatlar-ruhida-tarbiyalash-mezonlari (дата обращения: 14.06.2023).
4. https://oyina.uz/uz/article/1605

Shermamatova Shohista Baxtiyor qizi, 1995-yil 10-oktabrda O'zbekiston respublikasi Qashqadaryo viloyati Qamashi shahrida tug'ilgan. Hozirda Qarshi davlat universiteti Filologiya fakulteti filologiya va tillarni o'qitish (o'zbek tili) yo'nalishi 3-bosqich talabasi. Hozirda ilmiy rahbari adabiyotshunoslik kafedrasi o'qituvchisi, filologiya fanlari bo'yicha falsafa doktori G'iyosiddin Shodmonov rahbarligidagi "Adabiyot tarixiga doir o'quv adabiyotlarda talqin va tahlil muammolari" mavzusida ilmiy faoliyat olib bormoqda. O'ndan ortiq ilmiy maqolalar muallifi. Maqolalari xalqaro antologiya, jurnal va konferensiyalarda nashr etilgan. Shu bilan birga Argentinaning "Juntos por las Letras" - Xalqaro fan va adabiyot tashkiloti a'zosi; xalqaro UNICEF tashkiloti U-Report loyihasi volontyori; Qashqadaryo viloyat "QIZLAR OVOZI" klubi a'zosi; universitet va respublika miqyosida tashkil etilgan tanlovlarda faol ishtirok etib, ko'plab diplom va sertifikatlar sohibasi.

UDC 808.5

JAHOHOTIN UVAYSIYNING "UVAYSIYMAN" RADIFLI G'AZALINING DARSLIKLARDAGI TALQINLARI XUSUSIDA

Shermamatova Shohista, Qarshi davlat universiteti, 3-bosqich bakalavri

ANNOTASIYA

Maqolada Jahonotin Uvaysiyning "Uvaysiyman" radifli g'azalining o'quv adabiyotlarda berilgan talqinlari tahlil qilingan. O'quv adabiyotlari ko'zdan kechirilganda shoiraning ushbu g'azali yuzaki, bir yoqlama va, hattoki, noto'g'ri talqin qilinganiga guvoh bo'ldik. Shu boisdan so'nggi yillarda olib borilgan tadqiqotlarga tayangan holda g'azal botiniga boqib, asl mazmun-mohiyatini ochib berishga harakat qildik.

Kalit so'zlar: g'azal, darslik, talqin, tasavvuf, izdoshlik, uvaysilik, oshiqlik.

ANNOTATION

The article analyzes the interpretations of Jahanatin Uvaisi's radif ghazal "Uvaisiman" given in educational literature. When we reviewed the educational literature, we witnessed that this ghazal of the poetess was interpreted superficially, one - sidedly, and even wrongly. Therefore, relying on the research conducted in recent years, we treid to reveal the true essence of the ghazal.

Key words: ghazal, textbook, interpretation, Sufism, following, Uwaisianism, infatuation.

АННОТАЦИЯ

В статье анализируются интерпретации радифа газели Джаханатина Увайси "Увайсийман", данные в учебной литературы.При обзоре учебной литературы мы убедились, что эта газель поэтессы трактована поверхностно, однобоко е даже неправильно. Поэтому, опираясьна исследованияпроведённы в последние годы, мы попытались заглянуть внутрь газели и раскрыть ее изначальное содержание.

Ключевые слова: газель, учебник, интерпретация, суфизм, следующей, увайсианство, увлечение.

KIRISH

Qo‘qon adabiy muhitida o‘ziga xos va muhim o‘rin egallagan, shu bilan birga ko‘plab shoiralarga ustozlik qilgan Jahonotin Uvaysiy ijodi har doim tadqiqotchilar diqqat markazida bo‘lgan. Adabiyotshunos olima Barno Isakova "Uvays Qaraniy va Uvaysiy" nomli maqolasida: "O‘zbek adabiyoti tarixida shoiralarning faoliyati Jahonotin Uvaysiydan boshlanadi, deyish mumkin. Chunki Uvaysiygacha o‘zbek shoirlarining asarlari adabiyotimiz tarixida qayd etilmagan. Sharq shoirasi Zebuniso esa fors va arab tillarida ijod qilgan", degan fikrlarni keltirib o‘tadi. (https://kh-davron.uz/kutubxona/multimedia/barno-isakova-uvaysiy-haqida.html)

Adabiy merosining katta qismini g‘azal janri tashkil etib, ularda shoiraning olam haqidagi falsafiy qarashlari, Haqiqiy va majoziy ishq talqinlari, tasavvufiy qarashlari va boshqalar o‘z ifodasini topgan. Ba’zi adabiyot darsliklarida shoira g‘azallari faqat zohirga boqib tahlil qilinishi, ularning yuzaki, hattoki noto‘g‘ri talqinlariga olib kelmoqda. Xususan, adabiyot tarixiga doir o‘quv adabiyotlari ko‘zdan kechirilganda shoiraning "Uvaysiyman" radifli g‘azalining quyidagi talqinlariga guvoh bo‘ldik:

1) faqat zohirga boqib yuzaki tahlil qilingan;

2) bir yoqlama tahlil qilingan;

3) asl mazmun-mohiyatiga zid talqin qilingan.

ADABIYOTLAR TAHLILI VA METODOLOGIYA

Uvaysiy ijodi yuzasidan o‘tgan asrda va istiqlol yillarida qilingan tadqiqotlardan namunalar olindi. Bundan tashqari adabiyotshunos olima Barno Isakovning ilmiy tadqiqotlaridan, ya’ni Uvaysiy g‘azallari talqinlaridan namunalar keltirildiTadqiqot mavzusini yoritishda struktural, qiyosiy-tarixiy, lingvistik, psixologik tahlil usullaridan foydalanildi.

MULOHAZALAR VA NATIJALAR

Avvalo, o‘tgan asrda va istiqlol yillarida nashr etilgan darsliklarda keltirilgan "Uvaysiyman" radifli g‘azali talqinlariga to‘xtalib o‘tamiz.

1967-yilda nashr etilgan "O‘zbek adabiyoti tarixi" darslik kitobida g‘azal quyidagicha talqin qilingan: "Uvaysiy "mehnat, alam, g‘am-g‘ussalarga giriftor bo‘lgan dard eli"ning shoirasi sifatida:

Mehnatu alamlarga mubtalo Uvaysiyman,

Qayda dard eli bo‘lsa oshno Uvaysiyman.

Kechalar fig‘onimdin tinmadi kavokiblar,

Arz to samo uzra mojaro Uvaysiyman...

deb yozgan edi".[Abdullayev V: 1967, 332-bet]

2006-yilda nashr etilgan "O‘zbek adabiyoti tarixi" darsligida esa: "Uvaysiyman", "Ko‘ngul dog‘ o‘ldi, dog‘ o‘ldi" g‘azallarida shoira qatorida g‘arib fuqaroning dard-u hasratlari ham ifodalangan". [Orzibekov R: 2006, 203-bet]

Adabiyotshunos olima I. Adizova tomonidan 2009-yilda nashr etilgan "O‘zbek mumtoz adabiyoti tarixi" darsligida: "Albatta, Uvaysiy ma’lum bir makon, zamon va jamiyatda yashagan. Shuning uchun ham asarlarida insoniy munosabatlar, ularning ezgu va dardchil kechinmalari, shodligi va qayg‘ulari o‘z ifodasini topgan. U imon-e’tiqodli, ezgu amallar yo‘lida jonfido, dunyoni, insonlar ko‘nglini musaffo ko‘rish ishtiyoqida yongan dardchan yuraklar - dard eli bilan hammaslak, hamdard:

Mehnatu alamlarga mubtalo Uvaysiyman,

Qayda dard eli bo‘lsa, oshno Uvaysiyman". [Adizova I: 2009, 156-bet]

Adabiyotshunos olimlar N. Jumaxo‘ja va I. Adizova tomonidan 2019-yilda nashr etilgan "O‘zbek adabiyoti tarixi" darsligida ham yuqoridagi talqin aynan keltiriladi.[Jumaxo‘ja N., Adizova I: 2019, 302-bet]

2017-yilda 7-sinf o‘quvchilari uchun nashr etilgan "Adabiyot" darsligida esa: "Uvaysiyning "Uvaysiyman" ... kabi g‘azallari hasbi hol tarzida yozilgan", degan fikrlar keltirilgan. [Yo‘ldoshev Q. va boshqalar: 2017, 225-bet]

Shoira "Uvaysiyman" radifli g‘azali matla’si orqali "mehnatu alamlarga mubtalo Uvaysiyman", der ekan dunyo dard-u tashvishlari haqida so‘z yuritmaydi. Bu radifda kelayotgan "Uvaysiy" taxallusining uvaysiylik maqomini ifodalab kelayotganida oydinlashadi. Barno Isakova yuqorida nomi keltirilgan maqolasida Alisher Navoiyning "Nasoyimu-l-muhabbat" asaridan quyidagi parchani keltiradi: "...Bu toifadin zohir yuzidin piri ma’lum bo‘lmasa va mashoyixdin birining ruhi tarbiyat qilg‘on bo‘lsa, oni Uvaysiy derlar".(https://kh-davron.uz/kutubxona/multimedia/barno-isakova-uvaysiy-haqida.html)

Uvaysiylik - g‘oyibona oshiqlikning oliy maqomidir. Ma’shuqi Azal vasliga yetishish uchun esa tasavvufiy qarashlarda tariqatning to‘rt bosqichini bosib o‘tishi, barcha qiyinchiliklarni yengib, o‘zini poklashi lozimdir. Shoiraning "qayda dard eli bo‘lsa, oshno Uvaysiyman" deyishi esa Olloh ishqi uchqunlari tushgan ko‘ngillarning dardga mubtaloligidandir. Matla’dan keyingi baytda esa:

Istadim bu olamni, topmadim vafo ahlin,

Barchadin yumib ko‘zni muddao Uvaysiyman.

deb yozadi shoira. Yuqoridagi baytda bu olamdan vafo istab topmagan, shu sababdan barchasidan ko‘zni yumib uvaysiylikni, g‘oyibona oshiqlikni talab qilgan oshiq kechinmalari o‘z ifodasini topgan.

Uz diling taalluqdin, band qil Xudo sori,

To degil kecha-kunduz: "Mosivo Uvaysiyman".

Bu baytda o'tkinchi dunyo ne'matlaridan voz kechib, qalbiga faqat Allohni jo qilgan va olamdan uzilib lomakonga yetgan Uvaysiy ekanligini ta'kidlamoqda oshiq. Keyingi baytda:

Kechalar fig'onimdin tinmadi kavokiblar,

Arz to samo uzra mojaro Uvaysiyman.

der ekan oshiqlikning dard-u hasratidan fig'oni falakka yetgani va bu yulduzlarni ham bezovta qilib, yerdan ko'kkacha mojaro uyg'otganini ta'kidlaydi. Chunki bularning barchasi Allohning yaratiqlaridir.

To ko'rib xarobatin ta'na etma, ey zohid,

Bir nafas emas xoli iqtido Uvaysiyman.

Bu baytda esa, zohidga qarata "meni so'fiylar maskanida ekanligimni ko'rib ta'na qilma, men ularning maslagiga ergashganman, deya o'zining tasavvufdagi maqomini ta'kidlamoqda.

Keyingi bayt xususida Barno Isakova "Uvaysiy oshiq" maqolasida quyidagi fikrlarni keltirib o'tadi: "Adabiyotshunos olim N.Jumaxo'ja ham Uvaysiyning tasavvuf yo'liga kirib, dunyo va zamon dardlaridan tasalli topganligi haqida shunday deydi: "Mana shu baytlar Uvaysiy tasavvufning ashaddiy talabgoriga aylanganini tasdiqlaydi:

Faqr borgohiga qo'ysa gar qadam har kim,

Bosh agar kerak bo'lsa, jonfido Uvaysiyman".

Faqrlikni orzu qilgan ko'ngul orif ko'nglidir. Haq oshig'i uchun boshni fido qilish mushkul ish emas. Unda malollik tuyg'usi yo'q. Shoira "Jonfido Uvaysiyman", deb o'zining taxallusigagina emas, balki, Uvays Qaraniydan meros qolgan oshiqlik holatini ham aks ettirgan ushbu baytda". (https://kh-davron.uz/kutubxona/multimedia/barno-isakova-uvaysiy-haqida.html)

G‘azal maqta’si haqida so‘z yuritganda yana Barno Isakovaning "Uvaysiy va Uvays Qaraniy" nomli maqolasiga murojaat qilamiz: "Adabiyotshunos Sultonmurod Olim Uvaysiyni "Qadim mashoyixlarimizdan birining ruhi kelib tarbiya qilgandir", - deya taxmin qiladi va shoiraning ruhiy holati ifodalangan quyidagi baytni misol keltiradi:

Vaysiy beriyozat deb sahl etma, ey orif,

Ishq aro nihon dardi bedavo Uvaysiyman".(https://kh-davron.uz/kutubxona/multimedia/barno-isakova-uvaysiy-haqida.html

XULOSA

Ko‘rib o‘tilganidek, shoiraning "Uvaysiyman" radifli g‘azali: birinchidan, hasbi hol tarzida yozilmagan; ikkinchidan, unda shoiraning tasavvufiy qarashlari; uchinchidan, uvaysiylik maqomi o‘z ifodasini topgan. Bu g‘azalda g‘oyibona oshiqlikning yuksak maqomi, oshiq ko‘ngil kechinmalari uvaysiyona yondashuvda o‘zining go‘zal ifodasini topgan.

ADABIYOTLAR

1. Абдуллаев В. Узбек адабиети тарихи. - Т.: Укитувчи, 1967-йил.

2. Adizova I. O‘zbek mumtoz adabiyoti tarixi. - T.: Fan, 2009.

3.Jumaxo‘ja N., Adizova I. O‘zbek adabiyoti tarixi. - T.: Noshir, 2019.

4.Orzibekov R. O‘zbek adabiyoti tarixi. - T.: O‘zbekiston Yozuvchilar uyushmasi Adabiyot jamg‘armasi nashriyoti, 2006.

5.Увайсий. Девон. - Тошкент, 1959.

6.https://kh-davron.uz/kutubxona/multimedia/barno-isakova-uvaysiy-haqida.html.

Maxmudova Nargiza Ravshan qizi.2004-yil 11-iyunda Navoiy viloyati Qiziltepa tumanida tug'ilgan.Hozirda Buxoro davlat pedagogika institutida O'zbek tili va adabiyoti yo'nalishi 1-bosqich talabasi.

Maqolalari Respublika va Xalqaro jurnallarda davomli chop etilmoqda.

"QUYOSH NURI" jamiyati volontiyori.

"Afsonaviy yoshlar" forumi rasmiy a'zosi.

Buxoro "Lider yoshlar kengashi" volontyori.

"Tashabbus" Forumi rasmiy delegate

Ona ulug'-ona mo'tabar!

Inson tug'ilibdiki, uning ong-u shuuriga eng ulug' kalom, ona so'zi beixtiyor singadi. Go'dak endi tilga kirganida, eng jozibali, mehrlar ila yog'rilgan so'z aytgisi keladi. Go'dakning ham quloqlariga ilk bora sehrli so'z "ona" so'zi singadi. Shundandir, balki ona so'zini eshitishimiz bilan yuragimizda iliq, hech tasvirlab bo'lmaydigan, o'zgacha tuyg'u paydo bo'ladi. Asta-asra tasavvurimizda onaning munis va mehribon siymosi aks eta boshlaydi. Uning mehri tomirimizda samimiyat va yaxshilik, daryoday jo'sh ura boshlaydi. Ona deyish bilan tilimiz ham, dilimiz ham, beqiyos insoniy mehr- muhabbatga, ezgulikka to'lib-toshib boraveradi... Shunday ekan, bularning barcha-barchasi, so'zning ham, hayotning ham, turmush zavqi, sururi ham onadan boshlanadi. So'zning buyuk ijodkori-ona. Murg'akkina bola ilk bora ona bag'rida, uning qalb to'lg'onishlarida, mehr-muhabbat, umid izhorida so'zni eshitadi.Demak, ona borliqning mo'jizasi, buyuk va betakror qudrati, bebaho ne'matidir. Shunday ekan, bu rangin olam, bu serjilo dunyo ona tufayli go'zaldir. Ona ayollik nazokati, latofati, mushtiparligi, mehr-muhabbat, sevgi timsoli. Unda jamiki ezguliklar, sadoqat, vafo, sog'inch va ilhom mujassam.

Ona mehri shu qadar kuchliki, dunyodagi jamiki go'zal kuy va navolar birlashsa ham, uning kuylagan allasi kabi quvonchli va g'amli bo'la olmaydi. Ona - shunchalar mo'tabar, shunchalar ulug'...

Ona baxti- farzandlar baxti, oila baxti, jamiyat baxti. Ona bu bebaho baxtni hech kimga, hech nimaga alishmaydi.Ona qalbi, ona mehri misilsiz bir ummon kabidir.

Ona haqida, ayol haqida she'r yozmagan, ashula kuylamagan qo'shiqchi bo'lmasa kerak. Boisi, ona jamiyat uchun, Vatan uchun barkamol, yetuk farzandlarni tarbiyalab, voyaga yetkazadi. Farzandini chin dildan duo qiladigan, baxt-u saodatini so'raydigan, bolasini barcha tashlab ketsa hamki, uni yomon, ham yaxshi kunida qo'llab-quvvatlaydigan inson bu farishta sifat onaizorlardir.

Mo'tabar onalar farzand uchun kerak bo'lsa o'z umrini ham bahshida etadi. Yana shuni ta'kid ila aytamizki, onalarga bitilmagan ash'or va qo'shiqlar yozmagan shoir yo'q. Shu o'rinda, bunga yana bir yorqin misol qilib, xalqimiz suygan, katta-yu kichil qalbidan chuqur joy olgan xalq shoiri Muhammad Yusuf tomonidan qalamga olingan she'riy to'plamlarda Ona haqida she'rlar mavjud. Uning Ona haqida yozgan she'rlarini o'qigan har bir o'quvchi ko'zida yosh bilan she'rni nihoyasiga yetkazadi. Onalarimiz haqida, onalarning bardoshli ekanligi, qadrli ekanligi haqida, Muhammad Yusuf "Onaizor" nomli she'rida bayon etgan. Bu she'r onalarning dardli mehri va farzandlarning ularga munosib javob beraolmagani haqida bayon etadi

Ko'nglim qolsa, bulbuldan ham, guldan ham,

Qolar bo'lsam bir kun axir tildan ham,

Agar bir zot yig'lasa chin dildan ham,

Onam yig'lar, onam yig'lar, onam u.

Tonar bo'lsa qo'limdagi tor, dunyo,

Uch kun o'tmay unutgay do'st- yor, dunyo.

Yer-u ko'kni titratib zor-zor, dunyo,

Onam yig'lar,onam yig'lar,onam u..

Ona bu oddiy inson emas, u jamiyatdagi har bir farzandning qahramonidir. Xususan, bizning har birmizning qahramonimiz onajonimiz hisoblanadi.U har qadamimizda bizni qo'llab-quvvatlaydigan, har qanday vaziyatda ham bizga dalda bera oladigan, to'g'ri yo'lni ko'rsatadigan, kecha-yu kunduz qanday sharoitda bo'lishidan qat'iy nazar doimo yonimizda bo'la oladigan yagona insonimiz, duogo'yimizdir.Bundan tashqari, uning har bir ishi, qat'iyatliligi, sadoqati, fidoiyligi, xulq-atvori biz uchun ilhom baxsh etadi.

Onamizning bizga rostg'oyliligi, samimiyligi, adolatliligi, oqila ayolligi kuch, energiya, ishonch beradi.Onamizning hamisha biz, aziz farzandlari uchun qo'llari doimo duoda. Onamiz bizga har doim hamma narsani berishga tayyor, lekin buning evaziga hech narsa talab qilmaydigan, yagona insondir.Onamiz har birimizning oilamizda bizga g'amxo'rligi va kelajagimizga ishonch bildirishi bizni ham kelajakda shunday bo'lishga undaydi.

Har bir ona o'z farzandlari uchun alohida shaxs. U ajoyib o'qituvchi, sevimli do'st. Agar bizni onamizdan ko'ra ko'proq sevadigan zot bo'lsa, bu ham Allohdir. Ona-shunchalar mo'tabar, shunchalar ulug'...

Xushvaqtova Marjonabonu Sayil qizi

Marjonabonu Xushvaqtova

2004-yil 13-iyunda O‘zbekiston respublikasi Qashqadaryo viloyati Kökdala tumanida tug‘ilgan. Uning ijodiy ishlari “Талоктепа толеи” bayozida , “Талоктепа толеи” saylanma kitoblarida hamda "The smart youth of Uzbekistan" , "Raven Cage Zine " , "Page 3 News", "Journal of new century innovatsions" kabi xalqaro jurnallarda va boshqa gazetalarda chop etilgan. Hozirda u Shahrisabz Davlat Pedagogika Institutining 2-kurs talabasi.

ZULFIYA YODI

Bu muallifning o'zi gulga o'xshaydi

Gullarga boy she'rlar yasaydi

Ularning har biri o'zicha bir ko'rk

O'ziga meva-yu hosil bag'ishlaydi.

U she'rlar yozgan bahorga atab,

Yozgan uni oppoq gullarga atab,

Chiroyli gullarni yaxshi ko'rgan u,

Vatanga o'zgacha mehri shu sabab.

O'rik oppoq bo'lib gullaganini,

Qalam olib qog'ozga yozgan,

Bahor og'ushini quchoqlab misli,

Go'yoki u men tasavvur qilgan sehrgar.

Qo'llariga qalam olsalar,

Unga butun mehri sarflanar,

Baxti bor ajoyib kishilar aro,

Bor sehrini she'riga sarflar.

CHIROYLIDIR HAYOTIM

Bugun men yuragimdan,

Bitmoqdaman bayotim,

Allohga ming shukurki,

Chiroylidir hayotim.

Oilamda yo‘q kam-u kust,

Yonimda ko‘p yor-u do‘st,

Shu sababli qalbim but,

Chiroylidir hayotim.

Muhabbatga oshnoman,

Yaxshi so‘zga tashnaman,

Yaxshilar-chun yashasam,

Chiroylidir hayotim.

Yonimda ota - onam,

Qadrdon do‘st-u oshnam,

Hayotim biram bekam,

Chiroylidir hayotim.

YOZ

She'r yozaman to‘lib-toshib,

G‘ayratlarim oshib-oshib,

Qoralayman oq qog‘ozni,

Maqtaymanda men shu yozni.

Noz -ne'matlar pishib - pishib,

Adog‘iga yetmaydi ,

Bilaman-ku uzun-uzun,

Shu yoz sira ketmaydi.

Ketmagani-ku mazza,

Sayohatga chiqamiz,

Sayohatdan olib zavq ,

So‘ng maktabga boramiz.

Maktabda o‘qib a'lo,

Besh baholar olamiz,

Uyga tezda qaytamiz,

Yozga rahmat aytamiz.

ONA.

Dunyodagi borimsiz ona,

Ham iqbolim, yorimsiz , ona.

Shirin-shirin so‘zlar aytganda,

Tilimdagi bolimsiz ona.

Siz novvotim, siz shakar-qandim,

Siz umidim, siz go‘zal baytim.

Bu dunyoda chin do‘st topmasam,

O‘zingiz do‘st, o‘zingiz baxtim.

Kulsangiz gar chehrangizda nur,

Doim bo‘lgay , tilimda shuur.

Siz tufayli go‘zaldir olam,

Ko‘rib yuring siz uzoq umr.

Boshginamda bo‘lib parvona,

Olam ichra sizsiz durdona.

Qalb qurimdan e’zozlab sizni,

She'rlarimda yashaysiz ona.

MENING QO‘SHIG‘IM

Go‘zal, jannatmakon ulkam bor mening,

Ko‘kka bo‘y cho‘zadi yuksak bir tog‘im.

Shu yurtda baxtiyor o‘tadi kunim,

Bu mening qishlog‘im, mening qishlog‘im.

Ariqda suvlari oqar jilvakor,

Shirin-shakar sarxil mevalari bor.

Har onim shu elda o‘tar baxtiyor,

Bu mening qishlog‘im, mening qishlog‘im.

Mehmondo‘st xalqidan dunyo lol erur,

Qalbida o‘zgacha orzu bor erur,

Nigohlari otash , so‘zlari billur,

Bu mening qishlog‘im, mening qishlog‘im.

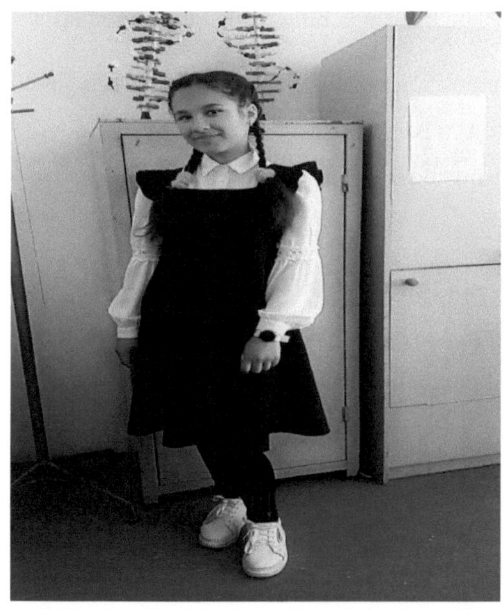

Melikmurodova Sharifa Muhammadaliyevna 2006 -yil , 14-oktabr kuni Surxondaryo viloyati Sariosiyo tumanida tuģilgan. Hozirda 12 -maktabning 11-sinf òquvchisi .

Hozirgi kungacha bòlgan muddatda kòplab yutuqlarga erishgan. Misol uchun, 2022-2023 -òquv yili davomida bòlib òtgan fan olimpiadasida tarix fanidan qatnashib faxrli òrinni egalladi.

Shuningdek, maqola va she'rlar yozish hamda badiiy adabiyot , tashkilotchilikni yoqtiradi. Kelajakdagi orzusi kuchli, bilimli pedagok bòlishdir.

Hozirda Milliy sertifikat olish uchun harakat qilmoqda.

KORRUPSIYA NIMA ÒZI ?

Korrupsiya-xalq tilida soddagina qilib poraxòrlik, keng ma'noda poraxòrlik deb ataluvchi hodisa barcha islohotlar ildiziga bolta uradi.

Korrupsiya - vayronkor kuch , uning oqibatida ijtiomoiy tengsizlik chuqurlashadi, hokimyatga ishonch yòqoladi, jamiyat manaviyati buziladi. Shuning uchun ham odamzod qadim òtmishdan buyon ushbu kushanda bilan kurashib kelmoqda.

Korrupsiya - davlat va jamiyatning siyosiy, iqtisodiy, ijtimoiy va ma'naviy jihatdan rivojlanishiga jiddiy putur yetkazadi. Davlatning konstitutsiyaviy asoslarini va qonun ustuvorligini zaiflashtirib , inson huquq va erkinliklarining poymol bòlishiga olib keladi.

Uning kelib chiqish sabablarini aniqlash , unga qarshi kurashishning samarali yòllarini topish bòyicha mutaxassislar , xalqaro tashkilotlar tomonidan minglab tatqiqotlar òtkzailgan. Hanuzgacha barcha millatlar uchun samarali yagona yechim yòq . Òzbekistonda ham korrupsiyani ildizi bilan yòq qilish eng katta maqsadga aylangan . Hamda hozirgi kunda korrupsiyaga qarshi kurashish ishlari barcha hududlarda yòlga qòyilgan.

Egamberdiyeva Jayron Ikrom qizi.

2005-yil 3-dekabrda Xorazm viloyati Bog‘ot tumanida tug‘ilgan.

She’rlari "Ustozlar uchun" Respublika pedagoglar jurnali, Keniyaning "Diaspora Times Global" va "Kenya Times" xalqaro gazetalarida chop etilgan.

XORAZM

Dunyoda bor shunday gul diyor,
Ko‘plar u chun bitgan ko‘p ash’or,
Derlar uning yurti san’atkor,
Xorazmdir do‘stlar bu diyor.

Al-Xorazmiy dovrug‘ini sochgan,
Jaloliddin u chun qon kechgan,
Bor jumboqni Beruniy yechgan,
Xorazmdir bu donish diyor.

Qo‘lida qalamla davlat yuritgan,
Donishmand Feruzni kimlar unutgan?
Pahlavon Mahmudning tantiliklari
Hindistondek olis yurtlarga yetgan.

O‘tgan bunda bulbul Komiljonlari,
Titratgan san’atni Olmaxonlari,
E’zozlar hali el bola baxshisin,
Topasiz bundanda qaydan yaxshisin ?

Maftuningman deya ul Yulduzxoni,
Ijod qilib o‘tgan San’at Devoni,
Olmaga qiyoslab yor va o‘zini,
Kuyga solar ota Ortiq so‘zini.

Qo‘lida kuy nazm oqqan bu elim,
Uning dovrug‘idan g‘ururda dilim,
Donishmand xalqimdan qochmas hech bilim,
Shunday ulug‘ yurtdir Xorazm elim.

Hoshimjonova Barnoxon Botirjon qizi 2006 yilning 16-dekabrida Namangan viloyatining Uychi tumanida tavallud topgan. Hozir Uychi tumanidagi 27-sonli maktabning 11-"A" sinf õquvchisi. 2023-yil "Hayot guli" va "Ijod kurtagi" nomli she'riy tõplamlari nashrdan chiqqan. Uzbekistan respublikasi "Dõrmon" ijodkorlar klubi hamda Argentinaning "Juntos por las letras" yozuvchilar uyushmasi a'zosi. Uning ijod namulari bir necha mahalliy jurnallar va 10dan ziyod xalqaro antalogiya va jurnallarda nashr etilgan.

"Sobiq"ni õqing..!

Durdona erta tongda uyĝondi, gõyo qushlar bilan tillasha oladiganday ancha vaqtgacha ularning õynoqi sayroĝini jon quloĝi bilan tingladi.Yozgi ta'til kunlari umuman zerikishlarsiz õtmoqda edi . Har ikki kunda qõshimcha õquv mashĝulotlariga borib keladi, uy ishlariga qarashadi. Uning kunlari yer õz õqi atrofida õzgarishsiz aylangani kabi shu zaylda bir tekis õtmoqda . U matematika muallimasi bõlmoqchi. Bu yil abituriyent. Bugun ham erta tongda fizika fanidan qõshimcha darsiga yõl oldi, u yerdan chiqib matematikaga kirishi kerak edi, ammo ustozi telefon qilib õz viloyatidagi televizion kõrsatuvga mehmon sifatida borishlari kerakligini ta'kidladi, Shu sabab ham matematika darsiga kira olmadi.

Kõrsatuv yaxshi õtdi, tôĝrisi biroz hayajonlandi, lekin aytishlaricha ustozlarining kõngillari tõlibdi. Keyin oradan bir kun õtib yana qõshimcha mashĝulotiga yõl oldi. U odatda ertalab 6:30da uydan chiqadi va 12:15larda uyga qaytardi, bu payt kunning eng jazirama pallasi bõlganligi sababli dars tayyorlash õrniga charchab kelib uxlab qoladi. Fizika bõyicha unda muammolar yõq tengdoshlariga qaraganda yaxshiroq bajaradi uyga berilgan vazifalarni, Matematikadan esa biroz qiynaladi chunki Durdona kursga kelgan payti qõshilgan guruhi avval ozgina dars boshlab bõlishgan ekan. Aytganimday u fizikani yaxshi bilgani sababli ham unga bu fan juda yoqadi, ammo matematika desa biroz dili xufton bõladi...

Matematika kursiga ham yetib keldi.

- Assalomu aleykum ustoz kirishga mumkinmi?

-Ha, kecha nega kelmadingiz.

-Uzr, kecha televizion kõrsatuvga chaqirishgan edi, shunga kela olmadim.

-Nima qildizgiz u yerda?

-Sport bilan shuĝullanaman, ikki karra respublika chempioniman.

-Ha shunaqa deng, mayli õtiring. Boshqa qaytarilmasin.

-Hop.

-Ha aytgancha Said Ahmadning "Sobiq" hikoyasini õqiganmisiz?

- Yõq, nimaga edi?

-Sizga topshiriq keyingi mashĝulotgacha shu hikoyani yaxshilab õqib keling, u hikoya aynan siz uchun yozilgan!

Durdona hayron bõldiyu, lekin hop deb qõya qoldi. Oradan kunlar õtdi ustozi aytgan hikoya uning yodidan ham chiqb ketdi, ammo yana aynan matematika darsida sport ustozlari unga telefon qilib muhim ish borligi, tez chiqishi kerakligini aytishdi. Durdona nima deyishni bilmadi shu sabab ham õqituvchisini aldashga majbur bõldi... Suvga chiqb kelay dediyu tashqariga chiqib ketib roppa rosa 40daqiqa õtganidan sõng qaytib keldi. Xonaga kirganida ustozining asablari yaxshigina buzilgani sababli hali umrida eshitmagan dakkilarini ham eshitib oldi va yana õsha gap "Sobiq" hikoyasi. Ustozi unga: "shu hikoya aynan sizning holatingizdagi shaxslar uchun yozilgan keyingi safar albatta õqib keling" -deya tanbeh berdi.

Durdona uyga borib bugungi ishi uchun õzidan hafa bõldi va keyingi darsga a'lo darajada tayyorgarlik kõrdi, bilmagan joylarini dugonalaridan sõradi, hullas unga õsha mavzu bõyicha qanday savol bersangizda soniya ham ikkilanmay javob bera oladigan holga keldi. Birdan "Sobiq" hikoyasi esiga tushdiyu internetdan qarab õqiy boshladi, õzi uncha katta hikoya emas ekan, ammo undagi sõzlar Durdonaning dilini anchagina ranjitdi. Bõĝziga nimadir tiqilganday bõldi. U õziga õzi savol berar edi: "naxot men õsha qaxramonga õxshasam... axir atay qilmadimku, uning ustiga men hozir ham harakatdaaman maqsadlarim yõlida, hikoya qaxramonidek bir marta kõrsatgan karomatim uchun kun bõyi u yoqdan buyoqqa chopib yurganim yõq-ku...."- shunday õy hayollar bilan uxlab qoldi, ammo ertalab kursga bormadi. Uning yuragiga yaralab õtgan nishlar ustozining kesatiqlari emasdi, balki "Sobiq"ning sõzlari edi...

U boshqa õquv markaziga matematidan qõshimcha darslar uchun qatnay boshladi, lekin u baribir kun kelib ustozini ranjitgani uchun kechirim sõrashni yuragiga tugib qõydi, chunki u juda yaxshi bilardi ustozni ranjitgan shogirt hech qachon yuksak chõqqilarga parvoz eta olmasligini ...

1991-yil 1-sentabrga baĝishlanadi.

Qaro bulut qamchisini qõymasdi hayhot,
Bosh kõtargan orzularni suymasdi hayot.
Osmon qadar zulmlardan ezilgan yurak,
Asrar edi õz tõrida bir ezgu tilak.

Armon bõlib kõrinardi hurlik kõzlarga,
Nihoyatki kõchdi bugun, asl sõzlarga,
Mustaqillik õz kuyini chala boshladi,
Shukronalik yosh-u qarin kõzin yoshladi.

Tan olmagay ilmsizlik sõzin bizni xalq,
Baski endi kõrsatadi õzin bizni xalq,
Dunyolardan õzmoq uchun harakat boshlab,
Ma'rifatla õchmas nomin yozar bizni xalq.

Bozorboyeva Mehribon Ollabergan qizi 2007-yil 1- martda Xorazm viloyati Yangibozor tumanida tug'ilgan. Hozirda 20-sonli maktabning 10-sinfida o'qiydi. Birinchi ijodiy ishi facebookda chiqqan. Maktabda ilg'or o'quvchilardan olimpiadada o'rin olgan, turli tadbir va tanlovlarda faol ishtirok etgan va sertifikat olgan. Maktabda tashkil etilgan Zakovat intellektual o'yinida jamoa bilan qatnashib tumanda faxrli 2- o'rinni olgan.

Esse

„Kasbimni to'g'ri tanladimmi?"

Jurnalist... Bu men tanlagan kasb.

Oldiniga men ona tili fani o'qituvchisi bo'lishni orzu qilardim va shunga qaror qilgandim.

Maktabimizda men uchun eng sevimli,mehribon,qadrdon bir ustozim bor.

Bir kuni ana shu ustozim jurnalistika haqida gap ochilganda meni judayam qiziqtirib qo'ydi.Jurnalistikaga shunaqangi qiziqdimki,oxir-oqibat jurnalist bo'lishga qaror qildim.

Aslini olganda hamma kasb qiziqarli, ammo jurnalistika kasblar ichida eng chiroylisi!

Har kuni efirga chiqish,yangi loyihalar ustida ishlash,har xil forum,konfirensiyalarda ishtirok etish,kezi kelganda xalqaro maydonlarga qadam qo'yish...

Ammo,jurnalistika faqat bulardan iborat degani emas.Jurnalist bo'lish uchun avvalo tinimsiz mehnat,ko'nikma,aql-idrok,bilim va kuchli salohiyat zarur.Eng avval esa bu kasbga kuchli mehr qo'yish lozim.Jurnalistika xalq bilan muloqotda bo'lish,ularning dardini tinglab,muammosiga yechim topish bilan birga juda mas'uliyatli kasbdir.

„Jurnalistika o'zi nima uchun kerak? Hukumat vakillariga ularning majburiyatlarini eslatish, aholiga esa to'g'ri yo'lni ko'rsatish uchun".-deydi „Markaziy studiya" boshlovchilaridan biri Amirxon Umarov.

Bu gaplarni eshitib,negadir chuqur o'yga toldim.Qanchadan-qancha insonlar,kuchli bilim va salohiyatga ega bo'lgan yoshlarimiz yurtimizning gullab-yashnab,ravnaqi uchun jon kuydirib mehnat qilayotgan bir paytda, insonlarni dardini tushunib,ularning muammolarini hal qilib berish o'rniga „Davrim kelganda,davrimni suray",- deb o'z manfaatlari yo'lida,nafsiga qul bo'lgan ayrim qo'shtirnoq ichidagi hukumat vakillarini o'ylab,ko'nglim xira bo'ldi.

Albatta,hammayam xato qiladi,beayb faqat parvardigor.Ana shunday paytda ularga o'z majburiyatlarini eslatib qo'yish,aholiga esa to'g'ri yo'lni ko'rsatish kerak ekanligini o'ylab,bu kasbga yanada mehrim oshib,qalbimda shijoat paydo bo'ldi.

Jurnalistika... Bu kasbni tanlab adashmaganimga yana bir bora amin bo'ldim.Tinimsiz mehnat qiling samarasini,albatta, ko'rasiz.Yaxshi niyat va duolar qiling,ijobati bundanda go'zal bo'lishiga amin bo'lasiz.

Ishonch bilan aytamanki,kim oldiga ezgu,chinakam maqsad qo'ysa,unga ,albatta,erishadi!

"So‘nmas yulduz"

Hikoya.

Bahor! Ko‘ngillarga o‘zgacha tarovati bilan iliqlik va mehr olib kiradigan fasl. Aprel oyining boshlari. Kunlar isiy boshlagan bo‘lishiga qaramay, bugun yomg‘ir yog‘ayapti, havo esa salqin. Tabiiyki yomg‘irni kimdir turli sabablarga ko‘ra yoqtirmaydi va yana kimlar uchundir yomg‘ir yog‘ishi bir olam quvonch bag‘ishlaydi.

Qishloq sharoitida yashagandan keyin mart oyining o‘rtalari keldi deguncha ekin ekish ishlari boshlab yuborilishi bu yerda yashaydigan insonlar uchun odatiy hol. Bugungi yomg‘ir yog‘ishi esa maysalarning unib- o‘sishi uchun yomg‘ir tomchilari ularga hayot bag‘ishlangandek go‘yo. Maydalab yog‘ayotgan marjondek yomg‘ir tomchilari butun atrof- muhitdagi chang-g‘uborlarni yuvgan bo‘lsa, nazarimda ayrim insonlarning ko‘nglidagi g‘am- qayg‘ularini ham yuvib ketgandek...

Imron bazi bir ishlarini tugatib, vaqti bekor ketmasligi uchun odatdagidek kiotb o‘qimoqchi bo‘ldi-yu xonasiga kirdi. Xonaga toza havo kirsin deb derazani biroz qiyalatib ochib qo‘ydi. Tashqarida esa hamon yomg‘ir yog‘moqda. Shunda yog‘ayotgan yomg‘irning shitr-shitr ovozi uni o‘ziga ipsiz bog‘ladi-yu bolalik xotiralari tomon eltdi. Derazadan tashqariga tikilib o‘tirganicha beg‘ubor bolalik kezlarini o‘ylay ketdi...

Biroz ulg‘aygach oq-qorani bir muncha tanib, bir nechta do‘stlar orttirgani, nimadir sabab bo‘lib do‘sti bilan urishib qolgan yoki qandaydir voqea sabab uyiga yig‘lab kelgan kuni oyisi uni bag‘riga olib yupatganini esladi. Ko‘chadagi bolalar bilan ertalabdan kechgacha futbol, bekinmachoq, quvlashmachoq o‘ynaganlarini eslab yuziga biroz tabassum yugurdi. Keyin esa maktabga ilk bor qadam qo‘ygan payti sinf xonasiga kirib tanish, notanish bolalarni ko‘rib biroz taajjubga tushganini so‘ng ular bilan tanishib, juda ko‘p voqealarga guvoh bo‘lgan baxtiyor damlarini esladi. Hatto ikki, uch kunlab betob bo‘lgan paytlarida onasining mehr to‘la ko‘zlari bilan boqishini, boshida har doim parvona bo‘lib, u uchun hamma narsaga tayyor ekanligini, uning tuzalishi uchun Allohdan iltijo qilib so‘ragan onlarini xotirladi. Vaqt esa shiddat bilan o‘tib boryaptiki hozir u bu besh kunlik dunyoda nimalarnidir ko‘rib, ulardan qanday xulosa chiqarish kerakligiga, ba’zida yetishmovchilik sababli hamma oiladayam janjal bo‘lib turishi odatiy hol ekanligiga, hozir qiynalayotgan bo‘lsa ertaga, albatta, mehnatining samarasini ko‘rishiga, inson hamisha oldiga bir ezgu maqsad qo‘yib yashashi kerakligiga, aslida bu dunyoda inson haqiqiy inson bo‘lib yashashi uchun uning qilgan ishlariga qarab yomon yoki yaxshi nom qoldirishiga allaqachon aql, farosati yetadigan bo'lgan.

U ham hozir ingliz tilini mukammal o'rganib tanlagan kasbining ustasi bo'lishni, ota-onasi u bilan faxrlanadigan inson bo'lishni va ularni Haj safariga yuborib, shunday baxtli damlariga sababchi bo'lishni va dunyo taniydigan biznesmenlardan bo'lishni oldiga maqsad qilib qo'ygan. U faqatgina bular bilan cheklanib qolmasdan yana qanchadan qancha rejalar tuzib niyatlarini amalga oshirish uchun hech qachon harakatdan to'xtamaydigan kuchga ya'ni u o'ziga bo'lgan ishonch kuchiga ega bo'lgan insondir.

U oldiga qo'ygan maqsadlaridan qaytmaydigan, hayot sinovlari oldida qaddini bukmaydigan, oqko'ngil, dardi bo'lsa ichiga yutadigan, har doim o'ziga ishonadigan dunyo qarashi keng, hech qachon kibrga berilmasdan oddiy bir inson singari yashaydigan, har qanday holatda ham harakatdan to'xtab qolmaydigan inson. Ha u rostan ham shunaqa yigit xuddi so'nmas bir yulduz misol...

Ota- onasining unga va opalariga bergan to'g'ri tarbiyasi qolaversa har doim bergan saboqlari uchun, hayotda ko'rganlari uni shu darajaga yetkazgani uchun, vaqt va insonlar bergan xulosalar uchun, hayot unga bergan tuhfalar va yillar sabog'i uchun minnatdor bo'lib, ota-onasini xursand qilish maqsadida ertaga o'qishdan qaytayotganda sovg'alar olib, ularga rahmat aytishni o'ylab turganida to'satdan narigi xonadan "o'g'lim menga qaravor" -degan gapni eshitgandagina birdan o'ziga kelib xayol surib qolganini fahmladi-yu oyising so'zlarini eshitib yuziga kulgu yugurdi va derazani yopib narigi xonaga chiqib ketdi.

Bu paytda esa tashqarida allaqachon yomg'ir tingan quyosh esa zarrin nurlarini sochib turibdi, ammo, havoda haliyam yomg'ir isi anqib turardi.

Bo'riqulova Shahnoza Sunnatullayevna 2005- yil 5- dekabr kuni Surxondaryo viloyati Sariosiyo tumanida tuģilgan. Hozirda Toshkent shahar 78-sonli maktabi òquvchisi. Bir necha marotaba " Navoiy vorislari" respublika kòrik-tanlovida qatnashgan.Uchtepa tumanda bo'lib o'tgan "Kitobxonlar seminarida"faxrli birinchi o'rinni egallagan.Shuningdek,6-fevral kuni bo'lib o'tganToshkent shahrida O'zbekiston Gastronomik Turizmi assotsiatsiyasi tashabbusi va hamkorlarimizning qo'llab quvvatlashlari bilan Toshkent shahrida Buyuk mutafakkir shoir g‘azal mulkining sultoni Alisher Navoiy tavalludining 579 yilligi munosabati bilan Respublika “Bolalar navoiyxonlik kechasi” intellektual shousida faxrli o'rinlarni egallagan.Shuningdek, Hindistonning " All India Council for Technikal Skill Development " xalqaro tashkiloti a'zosi ham hisoblanadi.

Bilim-bu kuch!

Maktab o'quvchisi edim.Qirq yoshli ingliz tili adabiyoti fanlar doktori,professor maktabimizga kelib,aytgan gaplaridan keyin mening hayotim butunlay o'zgargan.Uning hayotida erishgan yutuqlarini eshitib to'g'risi havasim kelgandi.U maktabda a'lo baholar bilan o'qidigan,o'quvchilik chog'laridayoq o'zini moliyaviy jihatdan bemalol qoplagan.Maktabda o'qib turib ham o'zi xohlagan kasbi,o'qituvchi ham bo'lgan.Maktabni oltin medal bilan tugatib,nufuzli Oligohga grand asosida o'qishga kirgan.Talabalik paytlarida biznesini kengaytirgan va shuningek,xalqaro o'qituvchi unvonini olgan.Ikki yil dunyo tan olgan eng zo'r universitetda magistraturada o'qib ilmiy ishini oqlagan.Hozirda u professor.

Bilasizmi u bizlarga nima degan?

— Hech qachon muvaffaqiyatni orzu qilmang, muvaffaqiyatga erishishga harakat qiling.Yaxshi kun yoki yaxshi fursatni tanlamang.Bugundan va hozirdan boshlang.Shundagina muvaffaqiyatlilar qatoriga kirasiz! To'g'ri,qoqilasiz-yiqilasiz.Shuni bilib qo'yingki,to'siqlar va qiyinchiliklar ko'p bo'lsa,oldinda shunchalik muvaffaqiyat turgan bo'ladi!Jimlikda qattiq ishlang, muvaffaqiyat sizning shovqiningiz bo'lsin!

Bolalar hozirgacha erishgan yutuqlarimning asosiy sababchilaridan biri o'sha ayol bo'lgan.Shuni yodindigizda tuting:

"Bilim-bu kuch! Xayollaringizda yashashni to'xtating va ular amalga oshishi uchun bor bilimingizni ishlating va harakat qilling.Zero,sizning kelajakingiz o'tmishingizdan yaxshiroq bo'ladi!"

Narzulloyeva Munisa Bahromovna 2006-yil, 13-avgust kuni Surxondaryo viloyati Sariosiyo tumanida tuğilgan. Hozirda12-maktabning 11 -sinf òquvchisi. U qator fan olimpiadalari va tanlovlar ğolibasi. Bir necha yildan buyon rus tili va adabiyoti hamda algebra fanlaridan bòlib òtgan Respublika fan olimpiadalarida faxrli òrinlarni egallagan. Undan tashqari til òrganishga qiziqadi. Maqolalari Respublika gazetalarida chop etilgan. " Raven Cage", " Kavya Kishor", " Namaste India" kabi Xalqaro jurnallarga ijodiy ishlari yuborilgan. Shuningdek, kòplab antologiyalarda ham maqolalari chop etilgan.

Kitob-tafakkur xazinasi

Insonning hayotdagi beminnat va insonni doimo yaxshilik tomon boshlaydigan hamrohi , shubhasiz - kitobdir.Chindan ham shunday!Chunki kitob òqib yomon yòlga kirgan ,kitob òqib yomonlik qilgan insonni kòrmadik hali...Kitobni mutolaa qilish,asarlarning mazmun- mohiyati zamiriga yetish insonni komilikka va teran fikr sohibiga aylantirishi esa bizga sir emas. Dunyo statistikasi shuni kòrsatadiki,Fransiya,Xitoy,Daniya,Kanada,Rossiya,Yaponiya,Buyuk Britaniya kabi davlatlarda jahonning eng yirik kutubxonalari joylashgan.Biroq bular orasida 1-o'rinda AQSHDA joylashgan AQSH Milliy kutubxonasi turadi.Ushbu kutubxonaga 1800-yilda asos solingan bo'lsa-da , u o'zining betakrorligi bilan hozirgacha jahonni lol qoldirmoqda.Ushbu kutubxonaga har yili 1,7 milliondan ortiq kitobsevarlar tashrif buyurishi esa ajablanarli va quvonarli holat.Lekin O'zbekistonda bu ko'rsatkichning juda pastligi achinarli holat.To'g'ri,O'zbekistonda ham kitobxon do'stlarimiz,kitobxon yoshlarimiz yo'q emas,lekin ularning soni havas qiladigan darajada ham emas!

Shuni ayta olamanki,kitobga oshno bo'lgan,unga do'st tutingan har qanday inson muvaffaqiyatga erishadi.Muvaffaqiyatga erishgan inson esa o'zi uchun munosib kelajakni qura oladi.Ko'pchilik odamlar jonsiz deb bilgan kitob ularga qanchalik savodsiz ekanliklarini isbotlab berishi esa ayni haqiqatdir!

Xulosa o'rnida Tomas Jefforsonning quyidagi fikrini keltirishimiz mumkin:"Kitob o'qimagan insonning murdadan farqi yo'q!"

Jumanazarova Shodiya Dilshod qizi. 2006-yil 15-iyunda Xorazm viloyati Qo'shko'pir tumanida tug'ilgan. Hozirda Xorazm viloyati Qo'shko'pir tumanidagi 11-umumiy o'rta ta'lim maktabining 11-sinfida o'qiydi. 2023-yil fevral oyida ingliz tilidan B2 darajali milliy sertifikat olgan. Bundan tashqari viloyat miqyosida ótkaziladigan "Zakovat" intellektual óyinlarida jamoa bilan 1-2- órinlarni qólga kiritgan. Ingliz tili fanidan ótkaziladigan fan olimpiadasining viloyat bosqichida qatnashib faxrli órinlarni egallab, diplom va estalik sovğalar bilan taqdirlangan.

Bu osmon ostida nelar bo'lmaydi,
Gohi taqdir deymiz, gohi tasodif.
Ba'zida qismatdan ko'ngil to'lmaydi,
Qachonki ishonching berganda firib.
Bu osmon ostida nelar bo'lmaydi,
Holatdan nolinib qilamiz isyon.
Na kula olamiz na ko'z yig'laydi,
Balki shuning uchun insondir-inson.

Bu osmon ostida nelar bo'lmaydi,
Kimlarga shon-shuhrat ustun qadrdan.
Kimdir qiyomatni hech eslamaydi,
Go'yoki umrbod ayro qabrdan.
Bu osmon ostida nelar bo'lmaydi,
Goh balchiq qoplaydi poklik atrofin.
Lek vaqt yovuzlikni oshno qilmaydi,
Bir kuni intiho qarshilar barin.
Ba'zan totli bo'lar, ba'zan beshavqat,
Ba'zida kulmoqqa imkon qolmaydi.
Kelajak OLLOH ga ayondir faqat,
Bu osmon ostida nelar bo'lmaydi

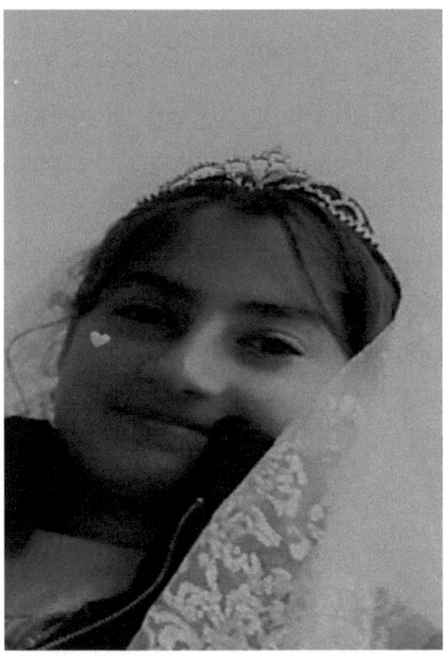

KIBRIYEVA FOTIMA OLIMJONOVNA 2010 - yil 13 - may kuni Surxondaryo viloyati ,Sariosiyo tumanida tuǵilgan. Hozirda shu tumanning 12 maktab òquvchisi. Bolaligidan sportning barcha turlariga juda qiziqadi. Kòplab sport tanlovlarida viloyatlar òrtasida tashkil etilgan musobaqalarda faxrli òrinlarni egallagan. Xususan viloyatimizning òzida jamoasi bilan bir necha marta qòl tòpi, voleybol , basketbol kabi sport musobaqalarida faxrli 1- òrinni egallab , maxsus diplom va estalik sovġalar bilan taqdirlangan. Hozirgi kunda arab tili va ingliz tilini òrganmoqda

Ota-onalar hayotimiz chiroġi!

Ota ona bu hayotdagi eng ulug' zotlar. Ular bamisol

farishta. Ota- Onalarimizga bagi'shlab juda ko'p do'stonlar bitilgan. Ularning mehr muhabbati haqida qancha gapirsak shuncha oz. Bu hayotdagi eng katta omadimizdan biri ota onalarimizning borligi. Hamisha bizni òylaguvchi biz uchun qayġuruvchi , bemor bòlsak aslo bizni yolġiz qoldirmaydigan , har on biz uchun jonini berishga tayyor bòlgan va albatta bizni borimizcha qabul qiladigan yagona insonlar.Ota-ona oftob. Hayotimizni yorituvchi haqiqiy chiroqlar. Ularsiz zulmat ichra qolganga òxshaymiz. Bu ikki insonsiz hech qachon hayotimiz mazmunli bòlmaydi. Qoqilsak suyanchiġimiz , borliġimiz ham aynan ular. Har doim bizga ishonadigan ,butun dunyo bizga qarshi chiqsa ham òzini tutib farzandim deb ardoqlaydigan haqiqiy mehribon farishtalar. Yaxshiyam bu hayotda ular bor.

Mening ota onam men uchun bu hayotdagi eng kerakli ,eng qadrli insonlar. Mening ota onam bu dunyodagi eng ajoyib ,eng yaxshi ota ona. Alloh ota onalarimizni hamisha òz panohida asrasin !

Ravshanbekova Hojixon Ravshan qizi 2008-yil 26-yanvarda Namangan viloyati Uychi tumanida tavallud topgan. Hozir Uychi tumanidagi 27-sonli maktabning 9-"A" sinfida tahsil olmoqda.

Ustozimga

Ustoz tetiksiz hamon,
Charchamadiz hech qachon.
Bobom tengi yoshingiz,
Oq qirovli sochingiz.

Bilim berib tolmaysiz,
Matonat sõnmas quyosh.
Qachon õzni õylaysiz,
Bizga bõling doim bosh.

KIBRIYEVA MEHRANGIZ

MUALLIFLAR : *ABDULLAYEVA FERUZA*

MELIKMURODOVA SHARIFA

Printed by Books on Demand GmbH, Norderstedt / Germany